世界の手触り

フィールド哲学入門

佐藤知久・比嘉夏子・梶丸 岳 編

ナカニシヤ出版

はじめに

本書は、菅原和孝氏の京都大学定年退職記念論文集として編まれたものである。

菅原さんはすぐれた人類学者だ。気鋭のサル学者として出発したのち、南部アフリカに暮らす（元）狩猟採集民グイ・ブッシュマンの研究を、三〇年以上続けている。多くの著書と論文をつうじて世に放たれたその成果は、グイの人たちの生活を、これ以上ない生き生きとした文章で私たちに伝えている。それは、カラハリ砂漠に通い続けた菅原さん自身をそのなかに織りこんで躍動する、一種のサーガのような分厚い民族誌群だ。原野の生と思考の手触りを日本語で読むことができるこの幸福をもたらしてくれた菅原さんに、私は感謝と尊敬の念を持ちつづけている（ちなみに私は、彼の最初の大学院生である）。

けれども菅原さんの仕事は、このように一種「着実」な人類学者のそれにとどまるものではない。たとえば、『もし、みんながブッシュマンだったら』（福音館書店、一九九九年）。これは、ブッシュマンを研究する「パパ」（菅原さん本人をモデルとする）とその家族、とりわけ「ちょっと変わった子」ゆっくん（菅原さんの長男がモデルである）の話を織りまぜながら、ブッシュマンについての物語を子ども向けに書くという、何重もの意味で冒険的な書物である。アカデミズムの堅苦しさをサクッと振りはらい、ブッシュマンの「いまの生活はこんなです」とマンガ入りで語りかけるこの本が、私はとても好きだ。

対照的に、『感情の猿=人』（弘文堂、二〇〇二年）。これは「感情」を切り口に、猿から人への進化を連続した視点で理解しようとする、きわめて野心的かつ難解な理論書である。この書物の野心性は、前述した問いを、対象をモノとしてみる科学的ないし上空飛行的視点（すべてを上から眺める視線）から説明するのではなく、自分自身がこの世界に内属しているかぎりにおいて世界が見えているのだという視点、すなわち「内部存在論」（M・メルロ＝ポンティ『見えるものと見えないもの』みすず書房、一九八九年、三三〇頁）的な視点から記述していこうとする点にある（この点については本書第10章に詳しい）。自分自身のフィールドでの、あるいは日常生活での直接経験をベースに語るのだという菅原さんの姿勢は、進化という「超弩級の問題」を相手にしたときですら全く揺るがないのである。

これらの書物で菅原さんが紡いだ思索は、文学へ、進化あるいは人間をめぐる哲学的思考へ、のびのびとひろがっている。文化人類学と他の学問の境界を越えている。しかし、だからこそ私はそこに人類学的思考の可能性、「自分あるいは自分の身体が直接経験したことに徹底的にこだわりながら、同時に、人間とは何かといった巨大な問いにまで向かうことができる」ことの可能性が、はっきり示されていると思う。オープン・スペースをつくりながらすすむサッカー・プレイヤーのように、菅原さんは新しい問いを切りひらいては、人類学の地平を広げていき、「ここでも人類学ができるよ」と、にこやかに私たちを誘っているのである。

こうして開かれる空間を、いま私たちは「フィールド哲学」という名で呼ぼうとしている。本書はその場に誘われた人々による実践の記録である。

＊＊＊

臨床哲学がその明確な定義を避けて進んできたのと同様に（『ドキュメント臨床哲学』大阪大学出版会、二〇一〇年）、私たちもまた、フィールド哲学とは何かという問いに明確な結論を出す必要はないと考える。

フィールド哲学についての大まかなイメージをつかんでもらうため、菅原さんの学問的姿勢とその特徴について、私なりに記してみよう。

（1）微に入り細を穿つ、徹底的な事実の記述。具体的にはサルや人間の相互行為、グイ・ブッシュマンの語りについての綿密過ぎる書き起こしなど。
（2）骨太な哲学的問題系の存在。メルロ＝ポンティをはじめとする哲学者たちの著作と共鳴し、しばしば同世代の哲学者たちとの交流も生みだす。
（3）個人的な文脈の記録。告白といってもいいほど極めて個人的なエピソードを織りまぜて語る。

面白いのは、これら三つの要素が単独でしか存在しない場合、菅原さんにとってそれは批判の対象になるということだ。（1）だけならクソリアリズムだと罵倒され、（2）だけなら人類学をやる意味がなく、（3）だけなら面白いけれど、それは学問ではないだろう。

三つの要素すべてが揃っていることが重要で、そうしたプレゼンに触れたとき、菅原さんはそれにうっとりと魅了されてしまう。リアリズムとラディカルな思想とが、その経験を生き・その問いを問うている「私」によってつながれていることが大切なのである。

フィールド哲学もまた、フィールドワークと思索という二つの様相のあいだを行き来しながら、螺旋状の軌跡を描いて進んでいくだろう。どちらかがどちらかを優位な立場から利用するのではない。フィールドワークと哲学的思考、そのどちらも捨て去ることができないとき、人はフィールド哲学の門の前に立っているのである。

＊　＊　＊

あらためてくりかえせば、本書は「フィールド哲学」について、それぞれの著者の実践例を報告するものである。その内容について簡潔に紹介しておこう。

まず、本書の冒頭には作家の池澤夏樹氏との、そして末尾には哲学者の鷲田清一氏との、菅原さんの対談が収められている。

互いの著作を読むことはあっても、池澤さんと菅原さんが直接会うのは、今回が初めてである。菅原さんは無類の小説好きだし（いわゆる文学的作品だけでなく、ＳＦやミステリーの愛読者でもある）、旅をしながら小説を書き、その著作から人類学がお好きなことが明らかな（菅原さんの本の書評も書いている）池澤さんとは、間違いなく話があうと思っていた。ローカルに土地と人を描きながら、文明論的な思索が自ずとわきあがってくるような池澤さんの思考のスタイルと、菅原さんの思考スタイルが共振するようすに、触れていただきたい。

鷲田さんと菅原さんは旧知の間柄である。哲学と人類学という専門性の違いはあれ、お二人はメルロ＝ポンティという哲学者を共通の知の源泉としながら、それぞれご自身の専門分野で活躍されてきた。興味深いのは、そうしたお二人がほぼ同時期に、かつそれぞれ独自に、フィールド哲学と臨床哲学という概念をつくりだしたということである。菅原さんはフィールドワークから哲学へ、鷲田さんは哲学からフィールドワークへ。自分の専門領域という殻をやぶり、果敢に外へ出て人とまじわろうとするお二人による、自由闊達な知的対話を存分に楽しんでいただきたい。

ふたつの対談のあいだに、菅原さんの教えを直接受けた元／現学生たちをはじめ、同僚や研究会仲間の諸先生方による、十一の論考が置かれている。論文の合間に置かれた六篇のコラムでは、執筆者の方々が、それぞれのフィールドでの経験、かれらに菅原さんが見せた相貌、菅原人類学の魅力について、印象的な文章を寄せてくださっている。

第1章（佐藤論文）は、本書の主題である「フィールド哲学」について、著者なりの概念化を試みたものである。方法をもたない哲学と、生きかたとしてのフィールドワークが出会うときに開けるフィールド哲学の地平について素描されている。

第2章（梶丸論文）と第3章（佐野論文）は、広い意味でコミュニケーションを扱った論考である。梶丸論文は、男女の「掛け合い歌」を歌う身体についての考察であり、大森荘蔵の哲学をベースに、歌手のひとつの身体が二重のものとして見えてくるプロセスを記述している。

佐野論文は、ろう者と健聴者のあいだのやりとりを分析した論考である。両者の長期にわたるつきあいを通じて得られた資源や推論が、発話者の意図を復元するのではない、創発的なコミュニケーションのあり方を示すことに注意を促している。

第4章（田中論文）および第5章（大村論文）は、身体性ないしセクシュアリティに関する論考である。田中論文は、「緊縛」という日本発の実践がネットを通じて世界に広がっていく様子をフィールドワークしながら、緊縛する／される身体に、「自然」に近いと見なされがちな身体像を拒否する「異化する身体」を見るという、斬新な論考である。

大村論文は、心や道具使用の進化について深い関心をもつ認知人類学者による（菅原さんが鳥羽森の筆名で書いたSF小説）『密閉都市のトリニティ』についての、それ自身きわめて実験的なスタイルをもった書評である。

第6章（風戸論文）は、些細な事実の詳細な記録という、フィールドワークの基本に立ち返った論考である。モンゴルの著名な移動式住居「ゲル」の規格、部品の種類、メンテナンスなど、われわれが知らないゲルにまつわる細部を記述しながら、ゲルが空間的移動性だけでなく時間的な生活変化に対応する柔軟さをもつと指摘する。

第7章（松嶋論文）は、「身体の根源的受動性」や、「うち」でも「そと」でもない「なか＝あわい」における出会い、接近が開く〈近傍〉といった、魅力的な概念をもちいて語られる出色のフィールドワーク／人類学論である。現代世界を生きることの困難へと向けられる静かなまなざしと、その困難を解消させるための知恵に満ちている。

第8章（春日論文）と第9章（森下論文）はともに、科学的な普遍主義と文化相対主義の対立を扱う。春日論文は、この対立のどちらにも与しない二人の人類学者（グレゴリー・ベイトソンと菅原和孝）の議論を紹介し、科学的思考によって凝り固められた私たちの世界観をときほぐそうとする。

森下論文は、地球物理学の研究現場において、「地球の内部」という不可視の存在が「実在」化されるプロセスについての調査と、グイ・ブッシュマンにおける、目に見えない神霊「ガマ」が「実在」化するプロセスを比較し、両者が排他的な実在ではなく、異なる「実在化の技法」を用いていることを指摘する。

第10章（大澤論文）は、『感情の猿＝人』が、「人間とは何か」という究極の問いの問い方について、これまで乗り越えることができなかった難局を突破するうえで決定的に重要な著作だと位置づけ、それがどのように人間とは何かを問おうとしているのか、その問いの形式を明快に説明した論考である。

最終章（菅原論文）は、サルトルの「対他存在」（他者に対して対象的に存在すること）概念について、鏡なき社会であるグイの事例を引きながら、それが他者のまなざしに襲われ自己がモノ化する経験であるというよりも、人間だけでなく世界を充たす無数の存在者たち（木々や動物や……）に見つめられ魅惑される経験であることを論述する。

ひとつひとつのテキストはどれも濃いので、じっくり読むことをすすめたい。読者は、菅原さんの人類学がどのように思考を触発し、フィールド哲学がどのように実践されていくのかを、それぞれの著者たちが描く螺旋状の軌跡に読みとることができるだろう。

本書はどこから読まれてもかまわない。願わくはこれらの文章が種となり、あなたの生きる場にもフィールド哲学の芽が育たんことを。

＊　＊　＊

本書が出版されるにあたり、たくさんの方々のお世話になりました。まずは執筆者のみなさま、対談を快く引きうけてくださった池澤夏樹さんと鷲田清一さんに御礼申し上げます。金子守恵さん（京都大学）、園田浩司さん（京都大学）、京大新聞社のみなさん、渡辺文さん、中谷和人さんほか多数の方々には、編集作業を助けていただきました。木村大治さん（京都大学）、風戸真理さん、園田浩司さん、菅原和孝さんをはじめとするみなさまには、本書に素敵な写真を提供していただきました。カフェ猫町さんには、編集会議や対談の際にお世話になりました。そして何よりも、米谷龍幸さん（ナカニシヤ出版）にはあらゆるフェイズにおいて勇気づけられました。米谷さんが飄々と「面白いですね」と言ってくださらなかったら、本書は存在しなかったと思います。それから、もう二人の編者、比嘉夏子と梶丸岳の二人にも。多数の著者とのやりとりをはじめ、かれらが本書を、もやもやした思いから現実の存在物へと織りあげてくれました。そのほかここにお名前を挙げることがかなわない、多数のみなさんのおかげで、本書はできあがりました。本当に、ありがとうございます。

そして最後に。われわれの思考のダイナモでありつづける菅原和孝さんとそのご家族に、心からの感謝をささげます。ありがとうございました。

二〇一五年初春

編者のひとりとして

佐藤知久

目次

コラム

公開対談「認識は旅をする」菅原和孝×池澤夏樹

【聞き手：佐藤知久】

池澤夏樹 *IKEZAWA Natsuki*

作家。一九四五年、北海道帯広生まれ。一九八四年南の島へ漂着した主人公を描いた小説『夏の朝の成層圏』（中央公論社）を発表。以来、国内外、世界各地を旅し、さまざまな地域の自然と人びとの暮らしをその小説世界の基本的な土台におりこみながら、執筆活動を続けている。代表作に南洋を舞台にした大作、『マシアス・ギリの失脚』（一九九三年、新潮社）など。

菅原和孝の人類学的な思考は、人類学の著作だけでなく哲学的著作に、さらにはフォークナーの小説にみられるような文学的想像力につよく刺激されている。それは例えば、『もし、みんながブッシュマンだったら』（一九九九年、福音館書店）における、人類学的思考に貫かれたエスノグラフィーと、子どもに語りかけるような物語とが融合した独自の文体に顕著である。そうした菅原の仕事にかねてから注目されているのが、作家、池澤夏樹である。文化人類学会近畿地区研究懇談会の一環として二〇一四年九月二一日に京都大学芝蘭会館稲盛ホールで行われたこの公開対談では、相通じる部分をもちながら、これまで直接の面識がなかった二人に、「人類学的思考と文学的想像力のからみあい・相互貫入」というキーワードのもと、自由闊達に対話していただいた。

1 紹介

佐藤 皆さんこんにちは。今日は非常に天気が良くて、たいへんすばらしい日和ですが、菅原和孝さんと池澤夏樹さんの対談にお越しいただきありがとうございます。私は司会を務めます佐藤知久といいます。まず最初に私からこの対談の趣旨を説明させて頂いた後、すぐにお二人の対談に入りたいと思います。

今日の対談は、菅原和孝さんが今年度いっぱいで京都大学の人類学の教員を退職されるということに合わせて、かつての教え子たちが、何かしようじゃないかということで考えて、企画しました。

菅原さんは人類学者、文化人類学者です。異国の地に行って、外からやってきた者としてそこで暮らす人たちの生活を理解し、自分が暮らす社会の人たちに伝えるという仕事をふつう、人類学者はする。しかし、菅原さんは、たくさんの著作を書かれているんですが、その中で単なる学問という枠からは、少しはみ出ていく――ご自身も非常に小説が好きで著作の中でもアカデミックな記述だけではなく、ご自身の家族のことであるとか、自分の思い、感情みたいなものをかなり文学的な文体というところに踏み出して書かれるところがある。

一方で池澤さんは小説家でありながら、小説あるいは評論の中に、ある種の学問的な知性というか、論理というか、それがすごく筋を通って入っている。そして、その考え方の中には文化人類学の知識や、考え方も非常に深く小説や評論の世界の中に染み込んでいると思っていたんですね。

また、お二人に一見接点がないように思われる方もいるかもしれないんですが――実際、池澤さんは菅原さんとは直接面識はなかったのですが――実は書評で菅原さんの本の事をお書きになられたこともあります。そこで、このお二人に会ってお話をして頂ければおもしろいだろうと思って今日の対談を企画しました。

それでは菅原さん、池澤さんどうぞ。

池澤 池澤夏樹です。よろしく（会場拍手）。僕は昔から文化人類学者、文化人類学が好きで、それを研究する人も好きで憧れていたんですけど、今日はこんなに近くから観察できることになって非常に幸せだと思ってやってきました。よろしくお願いします。

菅原 菅原和孝です。「認識は旅をする」というテーマに合致させようと思いまして、私のフィールド、カラハリ（ボツワナ共和国）での標準装備の姿で来ました（会場拍手）。

実は一週間前に日本に帰ってきたばかりで関西空港に降り立った時、ちょうど、この格好でした。この帽子は現地で調査助手をしてくれていた人にお別れにあげるつもりだったんですが、この企画の事を思い出してやっぱり十数年愛用していたこの帽子ももって帰らなきゃいけないなと思ってこんな格好で来ました。でも、皆さんに失礼ですので、ちょっとファッションは変えます〔帽子を取る〕。

2　旅のはじまり

佐藤　さて、お二人とも旅をすること――元々暮らした場所から移って、移動していくということ――が、モノを考えることのベースにある。もっと言えば、「旅」が生きることや、考えることと不可分につながってるような気がするんですが――そもそも菅原さんは、どうして、「旅をする」ことが職業的に組み込まれている人類学者になろうと思ったのか。そして、池澤さんはどういうきっかけで「旅する」小説家になろうと思ったのでしょうか。そこで「旅をする」、正確に言えば「色んな国境を越えていく」ということを始められたきっかけからお願いします。

◉不連続線

菅原　もともと私は少年時代に動物学者になろうと決めてたんですね。とにかくアフリカに行って、動物の研究をすると決めていたのが一番のモティベーションでした。

それで中学、高校とずっと生物部に入ってたんですが、その生物部というのはいわゆる実験とか顕微鏡とかそういうこととは一切無関係で、特に高校の生物部の先輩たちは蝶の採集マニアでした。旅といえば、夏休みになると採集旅行と称して旅をするんですが、彼らはきちんと捕虫網とか色々装備してるけど、私は爬虫類専門なので蛇を捕まえた時の布袋を一つだけもってそれに行った。そこで山に対する強烈な憧れを感じたというのが、発端でした。

その後、時間はだいぶ飛ぶんですが、私が生まれて初めて飛行機に乗ったのは、一九七五年にエチオピアに行った時のことです。飛行機というものが怖くてしょうがなかったんですが、なんか非常に子供っぽい幻想というものがあって、飛行機の窓から見る雲海の凄まじい美しさですね。私ね、それ見て、人間はあまり美しいものを見るといけないんじゃないかっていうね――死んでしまうんじゃないか、という――非常に変な感覚に襲われたことを旅の始まりとしてすごく覚えてます。

その後、皆さん御存知ないかもしれませんが、竹本健治〔一九五四－〕という推理小説家の書かれた『匣の中の失楽』〔幻影城、一九七八年〕という小説が非常に印象的でね。一番最初に天気図の話が出てくるんです。あまりよくは覚えてませんが、確か、「寒冷前線と温暖前線がぶつかった所に「不連続線」っていうのができる」と――

その小説の主人公は、子供の頃、天気図で不連続線っていうのを見て、「実は本当に世界の中を不連続線っていうのが走っているんじゃないか」という思い込みにずうっと囚われていたという話に非常に衝撃を受けました。

私も何回アフリカに行ったのかもう自分でも数えてないんですが、飛行機に乗るたびにすごく不思議な感じがする。つまり、「この世界が本当に連続しているのかな」というその感じです。飛行機というのはバーチャルな感じがするので、「じつは全然連続していない所を私たちは騙されてアフリカの奥地まで来ているように錯覚してるんじゃないか」みたいな……。

不思議なことにアフリカに行っても、フランスに行っても、イタリアに行っても、踏みしめる大地は全く日本と同じで、青空も日本と全く同じ――そこにいつも「これって本当なんだろうか」という感じをずうっとおぼえながら旅を続けてきた。そこらへん、池澤さんはこれだけ旅をしてらして非現実感みたいなものを覚えられることがおありなのかとお聞きしたいなと思いまして……。

◉線路の向こうのリアリティ

池澤　うーん。ともかくどっかへ行って着いたらうれしくて、うれしくて。やー来た、来たと思ってきょろきょろ見て、それからおずおずと動きはじめますね。そこでは僕はリアリティを信じている。ただ「連続」は、また違うかもしれない。というか昔からなるべく連続性の薄い所を選んで行っていましたから……。

今、七五年のエチオピアとおっしゃったけど、僕の場合は七二年のミクロネシアが生まれて初めての飛行機で生まれて初めての海外で、行った先は日本とは全然違う南の島の小さな島で、「わー素晴らしい」と思って――というのは多分そこからしばらくして振り返ってみたら、結局日本の中でなかなか僕はニッチを見つけられなかった。どうも居心地の悪い思いをして。もう「俺はこの国と折り合いが悪い」という気がしていてね、それがなんかぶつぶつ燻（くすぶ）ってるわけですよ。

小学校に入る前、六歳まで僕は北海道の帯広で生まれて育ったんだけど、そこはとてもよかったんですよ。そのあと東京へ来て小学校、中学校、高校、大学とそれから中退した後もなんとなく収まりが悪い気持ちでいたのが、（日本から）出たらすごく嬉しかった。

その一方、連続性ということでいうと、帯広っていうのは平原の真中の町です――十勝平野の。自分の世界観って何でできたかというと、まず駅があるわけですよ。駅から線路がずうっとつながって、向こうまで伸びている。で、そこを汽車が走る。「蒸気機関車というものは素晴らしい」というのが、人生で最初の信仰というか奇跡的なものに出会ったっていう驚きだった。それが客車を引っ張って走る――ってことは世界はまず「帯広」という所があって、そこから平らな所をずうっと線路が延びていて、線路というものはどこまでも延びていて、その先に例えば札幌が、あるいはその果てに東京がある。

僕の場合は（子どもの頃）父母ともに東京に出て、いなかったので、東京って土地は遠くにして結構リアリティのある場所だった。そうやって、「つまり世界というのは、山はあっても一応平らでつながっていて、それを線路が結んでいて、行けば行ける」というこの構図が基本形だったんですよ。

だから、そこで、「その先の方へ行ってみたらどうなんだろう」という憧れみたいなものが五、六歳の時からあった。「帯広」というのは自分のいる場所であって、特権的な場所なんだけど、それ以外にもあるらしいというこの構図から全部が始まりました。で、それが初めて飛行機に乗って海外行った時にすごく具体化したっていう感じですね。この場合は線路じゃなく飛行機がつないだんだけど、それが始まりだったと――。

◉「がっかり」のしのぎ方

菅原　それで、ミクロネシアは、どのくらい、いらっしゃったんですか。

池澤　その時は、一回目は二、三週間ですけど、それからまあよく通いました。飛行機で行ける島は全部行ったし、一〇年位かけてかなあ。それから飛行機がまだ飛んでない島も船で二日くらいかけて行ったりして――。とても好きでしたね。だから小説書くようになってからも、何回となくミクロネシアを舞台にして――そうすると話が始まりやすい。

島というのは、芝居の舞台と一緒なんですよ。地域的に限定されていて、人の出入りがはっきりしている。気候風土が明快で大変に舞台として使いやすい。

自分の小説の書き方を考えると、まず舞台があって、つまり「ある場所」があって。それを決めた後でしか人が出てこない。つまり人の動きから、この人々の動きにふさわしい場所はどこかな、というんじゃなく土地から始まるんですよね。そういう意味で島はとても使いやすかったと思いますよ。

菅原　一番最初に行かれた頃って、若者はみんなそうですけど、自分がいったい何者なのか、何者になるかも全くわからない。いうなれば未来に対する不安でいっぱいの時期だと思うんですが――私の夏山ってのに引き寄せると、山に行ってる何日間かは本当に楽しいんだけど、実家が東京だったもので、スモッグの東京に山から帰ってくると、なんか本当にがっかりしちゃうんですよね。でも山岳部でもなかったから、そうしょっちゅう山に行けるわけでもなし、そのがっかりした感じが長く続いて、また山に行くと……。だから、数年たって振り返ってみると、なんか下界での日常生活の中にぽつっぽつっと山というのだけが輝いて屹立(きつりつ)してるみたいな感じがありました。

そこでミクロネシアにいらして、日本に帰ってきてから、その日本でのへこたれた感じを池澤さんはどうやってしのいでらしたのかな、ということを教えてください。

池澤　一つはね、島の印象を何とか定着させようと思って、あの頃は詩を書いていましたね。僕の最初の詩集『塩の道』（書肆山田、一九七八年）というんですけど、これはほとんど全部ミクロネシアの島の話――。その当時は僕はまだ小説を書くつもりはないというか、それを自分に禁じていたから、詩にしかならない。エッセイにもしなかったな。後はまあ目をつぶって翻訳仕事で毎日のパンを買って。でまた次に行くときを期待してたかもしれないですね。そりゃ、まあ東京帰ってくるとがっかりしますよ（笑）。

菅原　でも、詩集なんてものは売れたんですか。

◉どっちにも収まらない

池澤　いや、全然。詩集にまとめるのもだいぶ先で、要は書き溜めていくというか、とりあえず自分の中にあるものが何かの形になる。こうカチッと決まった時は気持ちがよいもんですからね。それだけですよ。本になるかどうかも何のあてもなかった。

ただ「自分はここにいるけど、もう一つ、自分はあっちの世界ももっているんだ」っていうその生きる感覚として、スペアとしてあっちがある。まあ実際向こうに行って暮らしてしまうことは考えなかったけど一種心強いことだったと思うんですね。この日本に対する不満とか反発とか、「あっちじゃこんなやり方やってないんだぞ」っていう言い方で相対化していくようなことができて、すごく気が楽になった。その原理は最近までずっと変わらないですね。

だからフランスに行って、五年間いたんだけど、フランスのやり方ってのを見て、「そっち（フランス）の方が良いからそっちにしましょう」とはもちろん言わない。だけど日本に向かって、「こっちではこうやってますよ」と――例えば街の景観一つとっても、彼らは風景っていうのは公共財だと思っているから、個人一個一個の家がとんでもない色に塗ってあったりするのは認めない。形も一八世紀に並んだまま、それを維持する。だからあんなにきれいなんだと。それは日本ではできない。日本は一個ずつ勝手にどんな形にしようが誰も何も言わない。

私有財産だから――でも、汚らしい。

どっちが良いとは言わないけど、とりあえず、「あっちではこうやってます」という別の提案をすることはできる。そういう意味では、両方に属しながら、相対的でどっちにも収まらないような生き方になりますよね。

菅原　なるほど――じつは最近集中的に池澤さんの本を読ませて頂いて感じた、この日本国家に対する強烈な違和感というものが私はすごく印象深かったのですが、いきなりそこにはいかず、旅という話をもう少しお伺いします。

3　ギリシャとエチオピア

◉ギリシャに行った二つの理由

菅原　まずは、なんでギリシャへ行こうなんて突拍子もないことを思われたのかということ。それから私の師匠の伊谷純一郎先生（一九二六－二〇〇一／京都大学名誉教授）という方が、ある民族誌の中で「その日は生涯で一番悲惨な気分っていうくらい疲れ果てた」みたいなことを書いてらして、すごく印象に残っているんですが、池澤さんの場合、あまりお書きになったものを拝見しても、もう嫌だとか疲れ果てたとかそういうへこたれた感じってあんまりお見受けしないんです。そこで、ギリシャを発端としてそこらへんの、「じつは書いていないんだけど結構たいへんだったんだよ」といったご苦労話ってありだったら教えて頂きたいと思うんですが――。

池澤　そうですね。ミクロネシアに行くようになってから、少しお金にも余裕ができて、要するにそれまで旅をしてなかったのは本当に貧しかったからで、関西まで来て奈良のお寺を見るのが限度みたいな。他の所、何も知らなかったんですね。

でも、そのころから余裕ができてミクロネシア行って、それからヒッピーぽく、あっちこっち、例えばインドとか行ったりなんかしているうちにどうも旅行者という視点で見られるものは限られてるな、と。開けられない扉が多い。「どこかで一年くらいは、季節一巡くらいは過ごしてみた方がものがわかるんじゃないか」と思って――その前にギリシャの三〇年代を舞台にした、たいへんおもしろい本を自主的に翻訳して、それを翻訳終わってから出版社を見つけて本にしてもらって――『虫とけものと家族たち』（ダレル・G・M［著］、集英社、一九七四年）っていう動物がいっぱい出てくる本ですが――それができあがったところで「旅」としてギリシャに行ってみたんです。それが一九七四年の秋のことでした。

軍事政権（一九六七－七四年）が倒れて間もない頃で、たいへんにギリシャは元気がよかった。それでいて素朴な所も残ってるし。なんかよいところだなと思って、「じゃあそこへ移住してみようかな」と思ったんです。だからギリシャに行った理由の一つは印象がよかったこと――。

もう一つ理由はあって、「どこかに行きたいけれども、どこにしよう」そう迷ったとき、アメリカ、イギリス、フランスのような大きな国ではつまらない。といってエチオピアのような国に行ってしまうと、生活だけで手一杯になってしまって、モノを見るゆとりができないかもしれない。だから真中あたりの国がよい。そうすると地中海周辺――でもまだスペインには(独裁者の)F・フランコ(一八九二―一九七五)がいたし、イタリアは大きすぎる。トルコはよくわからない。「じゃあ、ギリシャ」ということの二つの理由で選びました。

それで七五年の誕生日の前の日に飛行機に乗って、誕生日にはアテネに着いてる。だから、三〇歳からですよね。結局三年近くいまして、非常にその三年間は幸せでしたね。幸せなんだけどそれはもちろん見るもの聞くものおもしろくて、遺跡もよくて。それから僕は日本人の観光客相手にガイドしてたからお金にもなって。食べるものもいいし……。

だから「苦労話」というのではないんだけど、ただその一方で「これはちょっとずるいぞ」って気もした。つまりお客さんですからね。ギリシャの社会に対して何の責任も負っていない。早い話が税金を納めていないし、選挙権もない。そういう身分だったらギリシャに対して悪口を言おうが何しようが、意味がないわけですよ。

「ここの人たちは全くどうしてこうなんだろう」と一方でほれ込みながら時々ぶつぶつ言うみたいな。そのつかみどころのない、根の無い感じが「このままじゃダメだな」と思って……。行ったきり帰れなくなっちゃう人も多いんですよね。何となくずるずるずる、と……。

それからもう一つは日本語が商売道具だから、それが足りない。あの頃だからもちろんインターネットもないし。一か月遅れの新聞を山のように大使館から借りてきて三日間で読んでまた返すと……また他の誰かの家にいく。そういうことをして、ちょっと切り離されすぎた気がしていて、それで戻ってきたんですけど……。そんなことでした。

◉アディスアベバのつまようじ

池澤　さて、今度は僕からの質問ですが、初めてエチオピアにいらして、フィールドに入った時の記憶を聞かせてください。

菅原　エチオピアっていうとね、私は行く前のしんどさの方がまず想起されるんです……。というのも、私たちの世代的特徴として、大学に入学した時(一九六九年)、京大は全学バリケードストライキで、風俗としても、とにかくものすごい長髪で皆のし歩いていたという、そういう時代から大学院に入ってですね。私の指導教授はかの有名な河合雅雄先生（一九二四－／京都大学名誉教授）だったんですが、河合さんから二つの事を言われたんですね。

一つは「菅原君、そんなに髪を長く伸ばしていると「赤軍」と間違われるから、髪を切らないとアフリカに連れて行かない」。もう一つは「絶対自分で車を運転できないと、アフリカの調査は無理だから免許を取りなさい」。

私なんかそれまで生意気盛りの学生としてですね、車社会ってものすごい反発を感じてて自動車の免許なんか一生取るもんかってね、思ったり。それから「断固、三里塚闘争（成田国際空港建設に反対する闘争）支持！」とか言ってましたから、成田空港ができても絶対、成田空港なんて使うもんかっていうね。

私の最初のエチオピアはなんとその、お国のカネで、公用旅券で行ったんですね、巨大な科学研究費が当たって――。そういう形で海外に行くっていう踏み絵として「プチ転向」みたいなものをしないといけないんだということの釈然としなさ、みたいなものがまず最初にありました。

で、こういう話はもう時効だからよいのかな――調査隊として行くわけですよね。そうすると、アディスアベバ（エチオピア連邦民主共和国の首都）のホテルで調査許可もらう間、果てしなく時間がかかって、何週間とアディスアベバに滞在してたんですが、その時の同僚への違和感――。

私がまず最初にぞーっとしたのは、コレまだどこにも書いてないことなので、今日言えるのは有意義なんですが、ホテルの今まで食ったこともないようなステーキのディナーを食べますよね。そうすると当然歯に肉のスジがたくさん詰まるわけだけど私以外の全員がですね、河合雅雄先生も含めて調査隊員四人くらいいたと思うんですが、〔つまようじを使うしぐさをしながら〕こうやって口を隠してつまようじを使う。

その頃から私はある種の変な文学的センスをもっていたような気がするんですが、自分の前にいる人たちが皆不思議な儀礼に耽（ふけ）っているような感じがしてすごい気持ちが悪かったんですね（笑）。

エチオピアに行って初めて、日本人の所作というものに対する強烈な違和感を感じる、というのがエチオピア体験の発端ですかね。

池澤　それが「しぐさ観察」の始めですか（笑）。

菅原　まあそういう風に言っちゃうと物語化しすぎてるような気も（笑）。――でも自己接触についての論文を[1]

［1］菅原和孝　一九八七「日常会話における自己接触行動―微小な「経験」の自然誌へ向けて」『季刊人類学』、一八、一三〇－二〇九頁

書いたのもそれとつながってるのかもしれないですけど。

◉ルイとダントン

菅原　だけど、やっぱりヒヒとの出会いというのはもう圧倒的に幸せで、日本の霊長類学ってずうっと餌付けで群にアプローチするという方法をかなり疑っていない所があったので、金曜日だかに一回、数十キロ離れた町で市場（いちば）があるんですね、定期市が。そこで巨大な麻袋（ドンゴロス）っていうんですかね、その袋にトウモロコシの粒が詰め込まれたものを一週間に一回買ってきて、それを崖の上の餌付けしようと思った所にずうっとまき続けていたら、結構スムーズに餌付けされましてね。

その時に巨大なヒヒのオスたちが、ニホンザルでは全く見たことなかったんですが、非常に頻繁に性器の触り合いをするんですね。あいさつ行動みたいなものだと思うんですけど……。で、それに私はものすごい目の覚めるような感動を味わって、意気揚々と河合（雅雄）先生に報告しました。しかも私は桑原武夫（一九〇四－八八／京都大学名誉教授）が編集した『フランス革命とナポレオン』（世界の歴史10、中央公論社、一九六一年）ってのを本当に愛読してましたんで、ヒヒを個体識別したら絶対にフランス革命の登場人物の名前をつけるんだって最初から決めてたんですね。だからサン＝ジュスト（一七六七－九四）とかロベスピエール（一七五八－九四）とかダントン（一七五九－九四）――すばらしい雄がダントンという名前でしたけど。で、それを「今日は凄かったですよ、ルイ（一六世）とダントンがペニスの触りっこをしてましたよ」と言ったら河合さんが「ルイ王とダントンがホモだったとは何ちゅうけったいなフランス革命やねん」っておっしゃったのが本当におかしくって（笑）。

4　旅の苦労

◉ケニアからエチオピアへ

菅原　ヒヒを調査してた時は「動物学者になる」という夢が叶えられたという感じの幸福感はあって、だから「私の人生の中であの時が一番幸せだったのかなあ」という気はしないでもなかったんですが、ただやっぱり最初の調査というのは色々本当に大変でした。

特にちょうど正月休みの頃ですかね。私の一学年上の先輩（佐藤俊／筑波大学名誉教授）が、北ケニアのものすごい乾燥地帯でラクダ遊牧民、レンディーレの調査を新婚早々奥さまと二人で行ってやってたんですね。河合先生は彼らを慰問に行こうとおっしゃって、陸路ではるばるケニアまで行って、帰りは、河合さんはちゃっかりナイロビ（ケニア共和国の首都）から飛行機で帰っちゃって、私と助手の方だけが陸路でまたエチオピアに戻るという。

その時の旅行は本当に大変でしたね。車の中で寝て、南の方のイスラームの村だと朝六時頃にスピーカーから放送されるコーランのお祈りで目が覚めます。朝、クソに行かなきゃいけなくて、ふらふら村の片隅に行くと、ものすごい巨大なスペースに板だけ渡してあってね。その板の隙間から村の人と並んでしゃがんでウンコをするというのは、やっぱそういう排泄行為を全く遮蔽の無いところでするということに対して、結構つらさを感じたりということが、すごく印象に残ってます。

◉ナイルを上る

池澤　菅原さんがいらしたところからそう遠くない所で僕が結構ハードだったという旅がありましてね。ギリシャに二年半、三年近くいて、帰る時に本当は帰りたくない。妻と娘がいたんだけど、その二人をまず日本に帰して、家を畳んで、ちょっとギリシャ国内を旅行して、それからその先はナイロビから日本までの切符を持っている。ナイロビまでどうするかというと、ナイル川に沿ってできる限り、陸上の交通機関で川を見ながら上ろうと思って。

で、カイロに行って、カイロでは友達の家に泊って、とりあえず河口を見なければと思って、地中海の河口ダミエッタ（ディムヤート、エジプト・アラブ共和国の港町）まで行って、それから今度は南へ南へ行くわけですよね。それでスーダンに入ってカルトゥーム（ハルツーム、スーダン共和国の首都）あたりまではイスラム圏ですよね。その先がブラック・アフリカだと……。

そこはナイル川に沿って行くには船しかないんです。道路が一切ない。あたりは全部サッドという湿地帯でパピルスが生えていて、地平線まで全部パピルスで気持ちの悪い風景で、そこを結構狭い水路を船で上って行くんですよ。エンジンがある舟が一隻あって、横に艀（はしけ）を二隻、その前にもう艀を三隻、さらに一隻結び付けてそれを押して上っていくというすごい船なんだけど、それがトマス・クックの時刻表で一一日、目的地のジュバ（現在、南スーダン共和国の首都）までかかる。実際、僕の時は二週間、最長記録三週間です。だからシベリア鉄道より時間のかかる公共交通機関で……。

食べるものがないんですよ、船の上で――。一応食堂があるんだけど、たまにナマズのフライが出るくらいで……。だからずいぶん痩せましたね。なんかこうとてもクレージーな雰囲気の場所で――。

最終的にジュバまで着いて、そこで結構手荒な身体検査されるんですよね。スーダン北部と南部の対立[2]が、その頃からひどかったから……。そもそも国内ビザがとれ

ないといけない。今ほどじゃないけれども、やっぱり緊張感があって……。だからつらいっていえば。つらいけど今振り返ればおもしろい旅でしたけどね。

じつは今年の五月くらいにもういっぺん南スーダンに行くプランがあって、去年から話が出てたんだけど、それは「国境なき医師団」[3]に頼まれて、パブリシティ（ＰＲ活動）で本を一冊書いてくれないかと。往復の旅費と滞在費は全部向こうでもつから――。僕はもちろん、承諾して。ジュバに行ってみたかったし……。それからついでだから、もったいないからテレビのクルーを連れて行こうというのも絡めて話を進めている途中で、南スーダンがどんどんどん状況が悪くなってしまった。

じゃあ場所変えてやるかというとなかなか上手くいかない。そのうちＮＨＫは会長が（籾井勝人に）変わって、そういうものに対して皆臆病になって予算がつかない感じになってきて、結局最終的にその案は消えたんですよ。ジュバちょっと見たかったんだけども、（対立で）それどころじゃないですね、今は。

話を戻すとそのナイルの旅が、菅原さんの軌道と僕の軌道が最接近した時期だったと思う。

5　人類学者へ、小説家へ：それぞれの歩み

佐藤　さて時間の都合もありまして、今、西暦でいえば、お二人のお話は一九七〇年代なのでもう少し時計を進めたいなと思います。そこで、青年時代から徐々に人類学者へ、小説家へ歩んでいったあたりの話にじょじょに話題をお進め頂ければと思うのですが……。

◉自由への道

佐藤　まず、菅原さんがアヌビスヒヒと夕日を一緒に眺めるような幸福な日々を送っていた後にブッシュマンの調査を、つまりヒトをやるということになる。すごく幸せだったのになぜその道を歩まれたのかということを、お伺いします。

菅原　私の人生にとって最も決定的だったのは、やはり、大学闘争なんですよね。大学闘争というものがなかったら、私は本当に普通の生物学者になってたかもしれないですよね。案外その方がノーベル賞とかへの最短距離だったかもしれないんですが（笑）。

でも闘争の中で、さっきも「まだユニオンっていう喫茶店あるんだね」って出版社の方と偶然にユニオンであって感慨を覚えたんですが、そのユニオンは私たちが大学一回生の時からあってですね。そこにクラスメート五、六人で行ってガーガーガーガーと議論してですね。その後、親友になった北村光二（岡山大学教授）っていう男は何でもはっきりものを言う男で、全共闘シンパのクラスメートに「そんなこと言うんだったらお前、大学なんてやめちまえ！」と怒鳴ったりとか、毎日そういうことばっかりやってました。

しかも、その時、私が圧倒的な影響を受けたのが、J＝P・サルトル（一九〇五－八〇）の「自由の哲学」だったので、少年時代から僕は動物学者になるんだって思い定め続けること、そのことがサルトルの大嫌いな、「くそまじめな精神」ってやつじゃないかって思ったのが、はっきり記憶にあります。「人間は自由だ！」って言うんだったらサルトルの『自由への道』（人文書院、一九五〇－二年、全三巻）にある一番恐ろしいシーンですが、主人公はドイツ軍と戦うために従軍してずうっと婚約指輪はめてるんですよね。ところが池のほとりで突然「俺は自由だ」と言って何の意味もなくその指輪を池の中に放り

［2］二〇一一年の南スーダン独立後、現在も、より厳しい対立が続いている。

［3］医療・人道援助を行っている民間の国際NPO。一九九九年にノーベル平和賞を受賞。

込んでしまう――そのシーンが私ゾッとしたんですが――つまり自由というものは、自分の一番大事なモノでも捨てさる、そういう可能性まで含みこんでるのかっていう。そういう奇怪な観念のとりこになっていたということはありますね。

現にわが親友、北村は、ずうっと続けていたクラシック音楽の道というのをアッサリ遮断してしまった。こういった、ちょっと傾くと自暴自棄への誘惑みたいなものがその時代には渦巻いていたというのが、「全く無邪気な意味での動物学というのをずっとやり続けることは自分にはできないんじゃないか」という感覚でした。なので、動物学の中でも人間についてわかるのに一番近い霊長類学をやろうと思った、と……。

ただギリギリまで迷ってて、そのころ京都大学理学部の自然人類学研究室に入ったら、先輩で沖縄で漁民の研究をしてた人たちが何人もいて、つまり京大の理学部自然人類学研究室に入れば、最初から人間の研究をできるという可能性はあったんですね。だから一次志望は、当然自然人類でした[4]。

でもその時ですね、伊谷（純一郎）先生が、ものすごいほれ込んでいた理学部共闘会議議長であった黒田末壽（すえひさ）さん（滋賀県立大学教授）が私より数年先輩なんですが――彼が高校の数学教師をやっているのに嫌気がさして――私と同学年で大学院受けたんですね。それで、私は黒ちゃんにはじきだされて、第二志望の霊長類研究所に行ったと。ただサルの研究が、むっちゃおもしろかったんで、一生霊長類学でもよいかな、みたいな感じはありました。

そうこうしているうちに、私が、きわめて精密なニホンザルとヒヒの行動分析をしてるのをブッシュマン研究のパイオニア田中二郎先生（一九四一-／京都大学名誉教授）が注目してくださって「お前のその精密な分析手法で人間の行動をやったらおもしろいで」みたいなことをおっしゃって下さったんで、だから当初から人間やりたいなと思っていたのがあって、ぐらっと、また転向してしまったのが発端ですね。

◉ロビンソン・クルーソーのお土産

佐藤　さて、池澤さんは、ここまでのお話で、当初は小説を封印してらしたというのがあって、その封印を解かれて『夏の朝の成層圏』（中央公論社、一九八四年）という小説をお書きになるんですけど、この小説は、「どうやって帰るか」という話だったと思います。つまり南の島の生活に適応してしまった青年が、日本に帰るための理由を作るために書く小説という感じのものだったと思うのですが、小説を書くことで、自分の根のない感じというのを、ある意味で、もう一度対象化していくような、そういう作業だったのだろうか、という気がしたんですけど……。

池澤　何者でもない青年から少しは何者かになっていく途中、手がかりがいくつか見つかってこれでやれるかな、また失敗かもしれないと思って、そういう時期ですよね。で、菅原さんと比べて僕が全然違うのは学生運動の体験がないんです。なんか遠くで見ていてあれじゃダメだよなと思って。「多分、彼らは途中で普通になっちゃうだろうけど俺のほうが最後まで左翼だぜ」みたいな――いまだにそうですけどね。

で、なんでその学生運動がダメかというと、あの、僕最初からハナレザルなんですよ。だから同僚と五人でアディスアベバのホテルにいるなんて耐えられないという気がするんだけど（笑）――大変わがままでね。だから小説なんかは一人でできるから、基本的には、そっちを選んだというか。理学部中退した後でもどっかに就職するってことは全く考えもしなかった。翻訳だったらとりあえず一人でやれるから。だから、ずうっと一人でやってきて、遅刻を叱られる職場についたこともないし、人と会う約束も最小限で済ませている。

で、三〇代も半ばになって「小説を本当に書かなきゃだめだぞ」と。本当は書きたいのになんとなく自分の中でそれを抑えていたんだから、もうそれこそラストチャンスという感じで、何やろうか、と思って――でも、どう始めてよいかわからないんですよ。

まず自分のことは書かない。いわゆる私小説っていうか自分を振り返って青春の歩みなんて「けっ」と思っていたから、形から入りたいと思った。そこで、比較的世界中の作家たちがやった手なんだけど、D・デフォー（一六六〇－一七三一）のロビンソン・クルーソーのパロディをするんですよ。

あれはとてもよくできた入れ物であって、「島」に誰かが流れ着いて何とか生きながらその、「生きるとは何か、社会とは何か」を考えるという仕掛けで、デフォーの場合は、あの、資本主義ですよね。（M・ウェーバー（一八六四－一九二〇）のいう）プロテスタンティズムの倫理と資本主義の精神そのままの産業展開を一人でやって、で、その後もいくつもいくつも（ヴェルヌ（一八二八－一九〇五）やゴールディング（一九一一－九三）といった作家たちの）別バージョンがあります。じゃあ、自分でもそれならできる。

で、ミクロネシアの島は知っているから、だからそこに静岡の新聞記者がマグロ漁船の同行取材に行って、船

［4］二〇一四年現在では、「自然人類学研究室」と「人類進化論研究室」の二つに分かれている。

から落っこちて一人だけ島に上がって、そこで何とか最小限暮らしていく——そこに文明的なるものがちょっとずつ加わって、最後に他の人たちも来たりして、アメリカの映画スターとか……。で、最後に、帰れば帰れるところまで来て、彼はどうしようか、これで帰って何になるか（考える）。

そうだ、この間の自分の体験を文章でいったん定着してみて、それならそれをもって帰れる。つまり自分のその漂流、漂着と停滞を意味づけられる。それによって「帰ること」を自分に許そうと思って、書きはじめる……。そういう形にしたんですよね。

それは境界線を越えていったものが戻る時に何かお土産がいるというか——。

◉インターナショナリストとコスモポリタン

池澤　さっきの「フランスの景観は（日本と違う）」、というのと同じで、結局のところは僕は日本に属している。昔こういう言い方があって、やたらに旅するやつは二種類あって、一つはインターナショナリストである。そして、もう一つはコスモポリタンである。で、インターナショナリストはどっかで祖国をもっていて、他の国々を見て回るけど根底の帰属意識は祖国にある。コスモポリタンというのは「あっちの飯がうまいならあっちに行こう」、「あっちにいい女がいるらしいんだったらそっちに行こう」で、そのほんと流浪していくタイプだと。

僕はずいぶん外に出たけれども最終的には日本に帰属していることは、結局、疑っていなかったんだと思うんですね。だからどこにいても日本に嫌味を言い続けたというか……。

6　沖縄を考える

◉沖縄のレポート

池澤　沖縄に一〇年住んでいた間は自分は何者かって考えると、一つは「帰りそびれた観光客」。面白くてしょうがないから（沖縄にいる）。もう一つは「勝手な特派員」。で、最初の「観光客」はまあどうでもいいんですが、二番目の「特派員」は、結局東京に対して沖縄のレポートを送ることを自分の義務だと思っている。それは「沖縄の人たちがかわいそうだから、こんな目にあって、基地ばかりで、かわいそうだから何とかしてあげましょう」ではないんですよ。

日本の側から見て、沖縄をあの状態に置いておくのはみっともない。それこそ「国家の品格を考えると、あまりにも情けない——それをあんたたちどうして気がつかないんだ」と、そういう論調で書いていたから、やっぱりどんな意味でも、僕自身は、沖縄人ではない。

少し脱線しますが、沖縄の場合はですね、沖縄人は「ウチナンチュ」、本土からくる人は「ナイチャー」、つまり、内地から来た人。そして、僕らみたいに住み着いちゃう奴は「島ナイチャー」っていうんですよ。島ナイチャーって言葉はあるんだけれども、しかしいつになっても、「ああ、あれは内地(ナイチャー)から来た人ね」って言われるわけ……。一〇年いてもそうですよね。そういうポジションで別に構わない。

田舎に住んでいた時は、周囲一〇軒ぐらいは束ねていた班になっていて、一年単位で班長さんって役が回ってくるんですよ。班長さんになると時々全部の家を回ってちょっとしたお金を集めたり、それから役場からのお知らせをちゃんと伝えたり、そういうことをやる。そこまでは溶け込んでいたし、それから「おい、先生、暇か?」と、「暇じゃないけど何」って言ったら「ちょっと漁に行くから来い」と言われて行って、海行って遊んだりね。

しかしどこまで行っても島ナイチャーであり、その東京の責任感を負って沖縄にいるという感じでしたね──。

◉『アトミック・ボックス』への共感

菅原　沖縄のことを伺いながら、池澤さんの書かれたものを読んで思った私の一つのキーワードを思い出しました。それは、「言葉の不思議さ」。こんなこと文化人類学者が、今さら言うのも変な話なんですが、池澤さんのエッセイや小説を読んでいるとですね、人類にこれだけたくさんのね、言葉がある。そのこと自体の「不思議さ」みたいなものが改めて胸に迫ってくるんですね。

でも、今日、佐藤さんが司会の注文として、「褒め合いばっかしていてもつまらないから、ちょっとなんか批判めいたことも言えよ」という命令があったんですが、「何か一つは(批判を)言わなきゃいけないなあ」、と思ったので言いますよ。

池澤さんのエッセイを読ませていただいていると、すばらしく知的刺激になるんです。が、特に『パレオマニア』(集英社インターナショナル、二〇〇四年)の文体で、「やたら体言止めするのは、メモ書きみたいで俺は好きじゃないな」と思ったのが、唯一の違和感かな。

まあ作家にそういうことを言うのはあまりにも失敬なんだろうけど、やっぱり「エッセイよりも小説のほうが私は何倍もおもしろい」と、思ったんですね。

池澤　結局、褒めているじゃないですか(笑)。

菅原　でも正直なところなんで、しかたがないんですが(笑)。こないだ(フィールドの)カラハリで『カデナ』(新潮社、二〇〇九年)を読んで、つい昨日だか『アトミック・ボックス』(毎日新聞社、二〇一四年)を読み終えて思ったんですが、あの中には、いわゆる「論理的帰結」が、ありますよね。

「沖縄に在日米軍基地の負担をあれだけ押し付けるのはけしからん」と。だから、「きっぱり対米従属をやめて、日本中から米軍基地を引き上げて、そして永世中立国になる」というのは論理的帰結だと思うんですね。沖縄にもはやこれ以上犠牲を強いないという論理的帰結として、そういう道を選ぶとしたらですね。

――これから先は、「SF作家」としての妄想なんですが、「JAXAがあれだけ優秀なロケットを造っていて、日本にはプルトニウムが山のようにあるから、大陸間弾道弾をどれだけだって造れる。それによって核武装して、対米従属からきっぱりと決別する。そしたらもうあの好戦的な中国も怖くはない」――これと同じことをおそらく『アトミック・ボックス』の政界の黒幕は考えたと思うんですね。

だからそれがその「論理的帰結」というのは、決して誰も言わないことだけれども、池澤さんの小説はそこまでの可能性というのを見越していながら、やっぱきわめて、なんだろう――人間のリベラルな魂をぎりぎりまで信頼するというところで、ひねりを効かせたというかね。

つまりその一番単純なわかりやすい支配者が常に振りかざす国益という話を全部納得させるとしたら「核武装」という可能性をぎりぎりまで池澤さんは意識した上で、それをやっぱりその被爆者個人の視点というところを原動力にして、きっぱりと否定した、というところを、私は「とても、あっぱれ」と思った。そこに、非常に深く共感したんですね。

7 人間と動物のボーダー

◉言葉と感情

池澤 「共感」という言葉を出してくださったところで、せっかく菅原さんと話しているんだから、少し流れを変えて、人間と動物のボーダーというところに、いきなり話をもっていきたいんですけど……。

今朝、ホテルで朝食をとろうとして、行ったらちょっと混んでいたんで行列をする。で、行列をする時に前の人たちは二人組で、僕は一人で後ろで見てる。そうすると無意識のうちに前の人との間で距離を置いて、「私は彼らとは一緒ではありません」というボディランゲージの表現をする――そういうことをいつでもしている――それは動物が、それこそヒヒが二頭並んでいるときのその間の距離と、向き合う目線の向きとありますよね、その場合はボディ・ランゲージだと簡単にいえる。

ところが言葉が絡んでくるとそう簡単ではなくなって

きて、感情とは何か、という大問題につながる。

僕たちは普通なんだか、既成のものとして頭から取り込んでしまって、それ以上は考えないんだけど、考えてみたら、この感情としての出力はわかるけど、自分だから、出力をしている中の仕掛けは全然わからない、というところで、菅原さんのお仕事（『感情の猿＝人』弘文堂、二〇〇二年）は、ものすごくおもしろかった。

振り返ってみると、例えば（二〇一一年）三・一一の後、東北を巡って情けないものをいっぱい見て、でもたいへんだと思ってもその場じゃ泣かないんですよ――。あの頃ずいぶんみんな泣いたけど、現場では泣かないんです。でも、その後で例えば札幌まで戻って、なんか子供たちの音楽会に行って、普通に席に座っている。例えば彼らがふるさとを歌う。これはねえ、もうもろに泣くんだなあ。それは他の観客は知らないですよ。僕の場合は止まんなくなる。とするとそれは自分の感情なんだけれども、それに襲われたような気がする。自分の中であるいくつもの要素が絡まって、そういう出力になってくる、何なんだろうってことをずっと考えてたから、ご本読んで（全てを）わかったわけじゃないけれども、何かとても複雑なものが中にあるんだというところまではわかって、それはすごくおもしろかった。

そういう風にお仕事を理解していいですか。

◉感情と心の連関関係

菅原　えーとね、多分同じことを言おうとしていると思うんですが、私はやっぱりキーワードは動機づけ、モティベーションっていうことだと思うんですね。だから最近の若者言葉で「モチベーション」って言われるとすごく違和感があって、「それって結局やる気のことやん」って思うことがあって。

モティベーションっていうのは、本当に、謎めいた概念で、おそらく下半身は自然にある、自然に根差していると……。それから最近、遅まきながらある研究者から指摘されて、「ああそうだったのか」と思ったんですが、C・S・パース（一八三九－一九一四）の記号論で、「無契的」、「有契的」っていう妙な訳がありますよね。無契的はアービタリー（arbitrary：任意の、恣意的な）が原語です。でも有契的っていうのは英語でいうとモーティベイテッド（motivated）なんですよね。そのモーティベイテッドっていうのが、私は例えば、「煙は火の指標である」というのは、「煙は火に動機づけられている」、つまり、結局、「煙と火は因果関係として空間的に隣接している」というね。つまり、「空間的隣接」と「時間的隣接」といったかたちで理解していたんです。でも、そうすると磁石の針が北を指標として示しているんだけど、まさか北極と針が隣接しているわけはないんで、「それ、おかしいな」と思ってたら、実は隣接というよりもパースの最初の定義は、コングルーエンス（congruence）、つまり「連関」ということだという風につい最近知ってですね、はたと手を打ったんです。
　それはつまり私の自然的なる感情と私の心とが別に隣接しているというわけじゃなくて、なんか分かちがたい「連関関係」の中にある。その「分かちがたい連関関係の中にあるからこそ、感情を言葉で説明しようとすることが最初から途方もなく難しい」ということなんだろうなあ、というようなことは、ずっと思い続けているんですが……。

◉変身の可能性

菅原　後ね、そのボーダーということでつまり人間と動物のその境界ということを考えていた時に、やっぱり今、一番影響力をふるっているのはG・ドゥルーズ（一九二五‐九九）とF・ガタリ（一九三〇‐九二）の『千のプラトー』（宇野邦一他訳／河出書房新社、一九九四年）の中の、「動物になる可能性」という話だと思うんですが、この感情論にしても身体論にしても、私は結局いちばん開かれているのは「別の存在になる」という、そういう可能性なのだろうなと――。
　最近、ブッシュマンと動物の関係を延々と考えていると、ある局面には変身しちゃうというね。それは「禁じられていた肉を青年が食ったら、その肉の元である、ある鳥に変身して気が狂った」というような話が、最近その人間と動物の境界という形ではすごく気になっている――なんか「ちょっと的外れな答えだったかなあ」という感じもしますけど……。

池澤　いや、自分のなかで物を考える再出発のポイントになるような気がします。

菅原　あ、そうですか。私が最近、その、変身の可能性ということを考えている時にセクシャリティを私たちが、新しくとらえなおす、（そのことが）私たちが、生き直すということの一つの手がかりになるんじゃないかと……。つまり結局は男が女を欲望するってことは究極的には女の身体になりたいと、男は思っているというようなことと、人間が動物になりうる可能性というのはなんか似ているというか、同じことなんじゃないかと（考えているんです）。
　ただそこでやっぱドゥルーズとガタリが危険なのは、でも、「劣位者は優位者になることはできないんだ」と書いてあるんですね、どっかにね。だから「この社会で圧倒的に男の支配が貫徹している」という認識が正しければ、「男が女になる可能性があっても、女が男になる可能性は遮断されている」というような、そういう非常に危険な非対称性みたいなことも匂わせているのかなあと。

池澤　ラテン文化圏で、例えばオクタビオ・パス

（一九一四－九八／一九五八年、ノーベル文学賞受賞）が、「女というのは相手に対して自分を開くから劣位な存在だと、メキシコ人はそう信じている」という言い方をしていますね。ただ変身したいという願望は、結構強いだろうと思いますけどね。「動物に変身したい」というのも強いと思うんですよ、だから例えば（記紀で）「ヤマトタケルは死んだ後で白い鳥になって飛び去った」と、そういう結論に、なんか僕らとても納得するんですよね。だから何なんだろうなあ、「人間が人間であることは自明ではない」というところから事を始めたいって気がしますけどね。

8 「自己」を語る／語らない

佐藤 今、菅原さんが考えていることなどに近づいてきたのですが、「ドゥルーズの話もわかる人にはわかるんだろうけど、わからない人にはさっぱりわからないんじゃないか」と思ったので少し補足します。

多分、最初に池澤さんがおっしゃったのは、「人間の感情の中身というものを見ようと思った時にどういう方法があるのか」ということで、それを菅原さんは「目に見えるものを見ていくということを積み重ねていくことで、ある種、ブッシュマンの人たちの内的なものに近づけるんじゃないか」という、そういうアプローチをとられたっていうことですよね。

それが、その「行為空間」とか、「身体の所作」とかいったものをクソリアリズム的に見ていく方向でアプローチしようという可能性を切り開いたという話だと思うんです。それを菅原さんはずっとされてきて、その行為空間とか身体というものを見ていくことによって、なんか「自分一人が個的に、自立して生きているっていうんじゃないものにすでに浸っているんじゃないか」という開放感みたいなものがあるのではないか、と思いました。

目に見えるものを（きっちりと）記述していくというところから、感情とか、もっと内面的な（見えない）ものに、アプローチをしていく。繰り返しますが、「見える物を見ていった後に、その先に、見えないものを見ようとする領域に入っていった時に、どういうアプローチが有り得るのか」――そこで、多分、菅原さんの、自分自身の身体経験みたいなのを語りだすところがそのあたりにあるんじゃないかなと思うんですけど、ちょっとそこを整理できるのかなと思いました。

◉根本的な夢想家として

菅原 さっき、ちょっとした事前打ち合わせの時に、池澤さんと私とのコントラストという話でね――池澤さんは自己について語ることをどこかで遮断している。でも、私は、しょっちゅう自己について語りたがる（という話になった）。

それを聞きながら、私が一番象徴的だと思い出すのは、栗本英世（大阪大学教授）というスーダンでずっと調査をしてきた男が、（日本アフリカ学会の）『アフリカ研究』という雑誌に、私の過去の唯一の小説——といっても、ノンフィクション・ノベルみたいなもんですが——の『もし、みんながブッシュマンだったら』（福音館書店、一九九九年）についてすばらしい書評[5]をしてくれたんですね。

おお、すばらしい書評だなと思ってホクホクして読んでいたら、一番最後にですね、「露悪的といってもよいほどに、自分を曝け出す精神的なつよさと、ナルシスト的な自意識は尋常ではない」って書いてあるんですね。つまり、「ほとんど菅原はナルシストである」って書いてあって、その後、栗本ともうつぶれてしまったミックという居酒屋で酒を飲んでいる時に、「あの書評よかったけど最後が余計だったんじゃない」って私が言ったら、「あれはなあ、学術誌だから下品になったらいかんと思って——最初は「この自己へのこだわりはほとんどオナニストである」って書いたんや、だけど一番最後になって訂正したんや」って栗本が威張ってたんで、私はぐうの音も出なかったんですね。

その感じって何なのかというと——もし自分をですね、肯定的に自己評価すると——私は根本的に夢想家だという自己評価ですね。その「根本的な夢想家」というのは、ほんとになんか「小さな繭の中に閉じこもりたい」——子宮回帰願望っていうんですかね——引きこもり願望ですか（笑）。だからなんでカラハリにひたすら通い続けながら、最上の娯楽が、狭いテントの中で、夜、ウイスキーをなめながら文庫本を読むことかというと、小さなテントというのが繭なんですね。

だからその繭の中に閉じちゃって、そうすると……。私なんでね、「池澤さんの小説はすばらしい」って連呼する資格があるかというとですね、ものすごくフィクションに没入しちゃうんですね。もう、フィクションに没入しちゃうと、ほんとに他のことを一切考えなくてすむ。その幸福感、その幸福感が結局なんだろう、変な話だけど自分がフィールドに向かう原動力になっているということ、わかりにくいかな。

それって、つまり、ブッシュマン（グイの人たち）の、あまりにも近代からかけ離れた生き方——それを、この二〇年ぐらいもっぱら語りから再構成しようとしてるんだけど、ひたすら逐語訳をノートに書いていくと、同じような没入感が味わえますね。

つまり池澤さんが描くところの沖縄と同じように「自分が彼らから聞いた生活世界にひたすら沈み込んでいけ

る、その幻惑感みたいなものは、原動力に――私をフィールドに行かせ続ける原動力――になっているのかな」と思うと、やっぱり、「自分が途方もなく夢想的な人間であるということ」と、「つい羽目を外して自分語りをしたくなる」ということと、「テントの中で文庫本を読んでいる」こととがなんかまあ、一応、意味の統一をつくっているのかなあと……（笑）。

池澤 あの、いいですか。二つ感想があって、一つは、グイの人たちの会話、あるいは人間関係は確かに大変に、小説ぽく読める。だからあの「シエク」と「ザーク」という、「結婚の制度」と「恋愛の制度」ですよね、二組の夫婦が、四人でワンセットになるような――それこそ『ゲド戦記』（全五巻、岩波書店）などを書いた）アーシュラ・ル＝グウィン（一九二九－）のSFに出てくるような、マルチセクシャリティみたいな――あれ、あのまま小説にしたいという野心に駆られるんですよ。場所を変えてね。「四人の関係」って誰もまだ書いてない。いわゆる三角関係が重なっただけじゃなくて、もう一つ「進級」しているみたいな。すごいおもしろいんですね。だからそれは目の前で起こっている人間関係を会話でとって訳してノートで作っていくところで、もうその作業自体があるところまでフィクションぽくなっているのもわかる。

◉自分語りを拒むのは

その一方で、菅原さんの自分語りは、僕からみると、菅原さんが、自分というものを一つの事例として客観視している。というか、「自分の体験に普遍性がある」と思ってらっしゃる。「同じ状況なら、人はこうふるまうものであると、一つの事例として報告に値する」と思ってらっしゃるんじゃないかと思うんですよ。

それに対して、僕はこれまでほとんど自分のことを書いてこなかったのは、「僕の人生なんてものは僕にとってしか意味がない。値打ちがない。人に語るものではない」と頑なに思ってきた。その背景が何か、最近になってまた少し考えているんだけども……。

結局、明治の終わりぐらいから後、日本の小説はひたすら自分語りに堕ちていった。それは、「（小説は）みんな青年たちが書くもんだ。青年っていうのは――さっき我々が先に話したように――色々、先にわからなくて、惑いがあって、その中で悩む自分を誠実に書くことが文学だ」という僕に言わせればへぼ筋に入り込んでしまった。それが嫌なんですよ。

［5］栗本英世　二〇〇二「菅原和孝著『もし、みんながブッシュマンだったら』福音館書店」『アフリカ研究』六〇、一五八－一六〇頁。

「そんなものは小説じゃない、勝手にやってろ、と。大体ちっともお前たちのおもしろくないよ」というのがあってね。そのまねだけはしたくない。

その背景に、今度は「青春」とか「青年」とかいう言葉があの時期から後はやるんです、日本では。江戸時代にそんなものないんですよ。江戸時代は「若い奴は青二才であり、チンピラであり、まだ一人前でないから引っ込んでろ」というのが社会全体の約束事だったのが、明治から後になって急に変わって、「若さ」をちやほやするようになる。

ヨーロッパではね、これは一九世紀からなんですよ。一八世紀までのヨーロッパの文学ってのは大人が主役であって、そこに若者が配されただけだった。ほんとに一八世紀までの大作を言えば、例えばセルバンテス（一五四七－一六一六）の『ドン・キホーテ』。それから、ラブレー（一四八三頃－一五五三）の『ガルガンチュアとパンタグリュエル』。ああいうものが文学としての本来の姿だった。

ところが一九世紀に入ると、結局フランス革命（一七八九年－）で雰囲気がガラッと変わったのがたぶん理由で、それがまたその後で王政復古（一八一四年頃）でつぶれてしまった辺りから、若いことが全体の主流になってくるんです。だからドストエフスキー（一八二一－一八八一）がいまだにあんなに読まれているのは若いからですよ。それからスタンダール（一七八三－一八四二）、ディケンズ（一八一二－七〇）。なんか文学全体が若いほうにシフトしてくる。

その雰囲気を明治の日本は大急ぎで輸入して、それがなんか明治の時代感覚とあっていたんですね。それで大流行になった。あの、森鴎外（一八六二－一九二二）に『青年』（『スバル』に連載、一九一〇年）という小説があるけれども、夏目漱石（一八六七－一九一六）は『三四郎』（『朝日新聞』掲載、一九〇八年）を書く前にいくつかタイトルの案を出して、その中に「青年」があったんですよ。「青年」は時代のキーワードになったんです。で、昭和四〇年代、五〇年代ぐらいまでかな、それがずっと続いていた。

僕、芥川賞の選考をずっとやっていて、最初の頃は「青年もの」が多くて、なんとなく違和感をもっていた。最近ガラッと変わりましたね。若い奴が出てきてもあまり悩まないんですよね（笑）。いわゆるあの手の悩み方はしない。

だからそういう（「文学とは青年の悩みを書くものだ」という）流れに対する反発もあって、僕は「自分の悩みなんてものはそれ自体だったら何の意味もない」と思っていたから、一人称的なものは書かないで、今に至って、多分これからも書かないと思うんですよ。

ただ、「自分の人生、この何十年かに普遍性がある」というお考えは、それは、僕はよくわかる。わかった上で、自分の場合は、「拒んだ」という気がしますかね。

◉大江健三郎の思い出

菅原　まあ結局、生き方の骨格ってね、青春時代であらかた決まっちゃってるみたいな感じが昔からしてたんですが、今のお話をうかがって、その「普遍性」ということに私ははっきりと、ネタがあったということを自覚するんですね。

それはあの、私が高校三年生の頃からずっと自分の精神の骨格みたいなものを育ててくれた人は大江健三郎（一九三五-）だったんですよね。

ものすごく歴史的な出来事だと思うんですが、私が高校三年の（一九六七年）一〇月でしたね。東京の第一次羽田闘争というので、京都大学の文学部の山崎（博昭）君（一九四八-六七）だったっけ——機動隊と衝突して、当時の三派全学連として機動隊と激突して京大文学部の——たしか一回生の青年が、機動隊の装甲車の間に挟まれて死んだんですね。

で、ちょうどその翌日、大江健三郎とそれまで親友だった江藤淳（一九三二-九九）とが『文藝』（河出書房新社）誌上で対談したんですよね。私は東京大学の入試に最初落ちましたけど、東大の入試のちょっと前にその『文藝』での対談を読んで非常に衝撃を受けたんですね。それは江藤淳が、私は大江の最高傑作だったと思っている『万延元年のフットボール』（講談社、一九六七年）をクソミソにけなしたんですね、特に、蜜三郎とか鷹四とかね、ああいう人工的な名前のつけ方自体がおかしい、と。なんか、だから「君はあの小説あたりでもうだめになった」みたいなことを言って、それに対して、大江が決然として答えたのは、「どこまでも自分の暗いトンネルを掘り進んでいくと、どこかで人間の普遍性に出会えると信じて僕は小説を書いている」とか言って、そして二人は完全に物別れ、平行線で……。

その後の文壇の事情を漏れ聞くと、あの座談会で、対談で完全に絶交した、決別したという話を聞いて、「いやはやサルトルとメルロ＝ポンティ（一九〇八-六一）の決別もなかなかすごかったけど、あの大江と江藤の決別もドラマチックやなあ」と思って……。

そういう、若い頃の大切な記憶なんですが、今ね、うかがって、「なんや、俺の普遍性って話って、ずっと大江が言ったことを引きずってるんやなあ」というその自己発見が結構、衝撃的というか……。

んー、どうなんでしょうねえ……。昨日も最近の大学生はプルースト（一八七一-一九二二）っていう名前にもぽかんとするって嘆いていましたけど、プルーストがやったことっていうのは、自己へのこだわりとは違うんですか、あれは。

池澤　んー。彼は自己を仮に真ん中に置いた上でその周りの貴族たちの人間関係全体の絵を書いたというか、あのヒエロニムス・ボス（一四五〇頃－一五一六）の絵みたいな感じで——あれはやっぱり真ん中にいる彼は一つの結節点でしかなくて、後は全部ゴシップですよね、基本的には貴族社会のね。で、それと「時間の流れ」の両方だろうと思うんだけど……。

だからあれは中心ではなく——真ん中に自分が大きくいるのではなく——自分を全体の中に埋没させてるような気がしますけどね、たぶん。他の人たちの話の方が、エピソードがこう集まってくる、「この指とまれ」の指みたいなものではないかと思うんだけど、まずは……。

菅原　ふむ。そうすると、そういう、その、なんだろう。「私」に淫（いん）してしまった日本文学の中で、池澤さんは、この人はその罠から抜けているんじゃないかと思われる作家っていているんですか。

池澤　うん、それはもういくらでもいますよ。というより、一八世紀以前が本来（の文学）で、一九世紀以降がちょっとおかしくなった——それを、真似た日本もおかしいんだから、もとに戻そうと一番はっきり言ったのが吉田健一（一九一二－七七）という批評家です。

それをあの、まさにその通りと思って具体的に書いてきたのは丸谷才一（一九二五－二〇一二）です。

その系譜からいけば、「青春」は終わっているんですよね。それから三浦雅士（一九四六－）という批評家に『青春の終焉』（講談社、二〇〇一年）というよい論文があって、それがそのあたり全部うまく説明してくれているんですが、小林秀雄（一九〇二－八三）が六〇になって、六〇になってですよ、「自分の青春が終わったことちゃんと自分で認めなきゃな」って、あんた、何、言ってるんだよと思うんだけど、そこまでずっと引きずっていたんだよね（笑）。

佐藤　大変申し訳ないんですが、そろそろ時間が迫って参りました。

最後のところでわたくしの身体を通っていく経験と普遍という、非常に大きなテーマにたどり着いて、それがそもそも近代小説の流れともリンクするところで非常に興味深いのですが、最後に個と普遍の接点という、いわば文学と科学の接点ともいうべきお二人のコアな部分に触れる話にたどり着いたということで、この続きは懇親会でさせて頂きたいと思います。本日はどうもありがとうございました（会場、大きな拍手）。

第1章　フィールド哲学とは何か

——思考するために適した場所で考えること

佐藤知久　*SATO Tomohisa*

1　はじめに

フィールド哲学とは何か。それは、自分自身をとらえて離さず、そして哲学的と呼びうるような長い射程をもった問題について、孤独な概念的思索のみによってではなく、いま自分自身が他者たちとともに生きている日々の経験のあり方を緻密に分析していくことを通じて、思考することである。

フィールド哲学を実際に行う上で重要だと思われる点は二つある。①あなたが問いたいその問いについて考えるのに最も適すると思われる場所を探し、そこに行くこと。②その場で活動している人たちのあいだに身体を置き、その場で起きていることにあなたの思考を徹底的に沿わせながら、自分自身が真の意味で納得できるまで思考すること。

「腹の底から自分が納得できること以外は認めないという態度を崩すことなく、しかし孤独にではなく他者たちのあいだに身を置きながら考えつづける」こと。それがフィールド哲学である。

以下、本章では、このように（あくまで仮設的に）定義された「フィールド哲学」という概念とその魅惑について、私見を述べる。そこでの議論は、①フィールドワークの流行と動機の不在、②哲学的思考の必要性と危険性、③フィールド哲学の提案、という順序に進む。

本章が本書全体の基調となるテーマを描き出せれば幸いである。

2 フィールドワークの秘教化⬇秘境化

◉フィールドワーク教科書ブーム 一九九〇年代はじめ、ある社会学者によって、とてもわかりやすいフィールドワークの教科書が書かれた。佐藤郁哉の『フィールドワーク 書を持って街へ出よう』（一九九二）である。

これはどちらかといえば、世界が人類学色に染まっていくような事態であって、人類学者にとって本来よろこぶべきことであったと思う。だが大方の反応は、素直によろこびを表明するものだったとは言いがたかった。「人類学のフィールドワークはちょっと違う」と言わんばかりに、人類学者執筆によるフィールドワークの教科書が乱立した。それは、人類学的フィールドワークをその他の（「社会学的な」）フィールドワークから差異化しようとするものだった。秘儀の内実を知るインサイダーとして語るかのように、わかりやすいものからわかりにくいものまでを含め、フィールドワークを語る書物が大量に出版された（ちなみに、私も二冊出している。もちろんわかりにくい方である）。

◉フィールドワークの秘教化 弁明の意味もこめて言っておくと、九〇年代以後の教科書乱立の背景には、日本の諸大学での人類学教育が抱えていた問題がある。フィールドワークは人類学の中核に位置する。にもかかわらず、そのやり方について、それまでの教育機関はほとんど何も、まともに教えてこなかったのだ。

教授陣は「とにかく行って来い」「行けばわかる」というだけで、私自身、まともな手ほどきを受けた記憶はほぼない。「やればわかる」というのが方針ならざる教育方針なのだ。九〇年代以前の人類学において、フィールドワークは「秘教化」されていた。だからこそ「フィールドワークは人類学者になるための通過儀礼」だともしばしば語られていたのである。

大量の教科書は、旧世代の教育法に対する「同じことを次の世代にも繰り返してはいけない」という反省（あるいは怒り？）から、書かれている。「人類学のフィールドワークは違う」という反応には、そのような秘教化の香りが残っているが、フィールドワークの実際を明らかにし、フィールドでの小さなコツや、データを記述するための洗練されたフォーマットを伝授することによって、秘教としてのフィールドワークが着実にマニュアル化＝世俗化されていったことはたしかである。

◉フィールドワークの世俗化 だがこの世俗化は同時に、人類学の延命措置にも近いあがきだったのではないかと思われる。そもそも教科書とは、ノウハウ化された知識を、「生徒」たちに効果的に「注入」しようとする装置である。教科書は、ここに書いてあることを学んではじめて、「あなたは立派なフィールドワーカーになれますよ」、いいかえれば「あなたたち読者はフィールドワークについてまだ充分に知らないんですよ」と主張する。

その意味で教科書とは、年長者が若者に対して誇示する権力のように、読者に対して自らの専門性を対置させ、フィールドワークを世俗化すると同時に「秘境」化し、その技法の守護者として君臨しようとするための道具なのではないだろうか。フィールドへ出るための準備をしようとする、あるいは今フィールドへ出ようと思って書を手に取る者の眼前に、教科書はまるで意地悪な旅券審査官のように立ちはだかる。「まだあなたはこれを読んでいないじゃないですか？」と。

フィールドワークの技法を知的財産化しつつ、誰にでも実行できる手続きに変えてしまう教育者たらんとするこうした潮流は、しかしながらより本質的なフィールドワークの実践を促すという観点からみて、根本的な欠落を抱えているように（反省の意味もこめて）思われる。

もちろん、専門家が教科書なりを通じて一般の人たちをフィールドワーカーにできればよい。だがどれほどわかりやすい教科書であっても、教えることができないものが存在するのである。そして世界を人類学色に染めるためには、実はそれこそがもっとも大切なものなのだ。

３　フィールドに行く動機の不在

それは、フィールドへ行く「動機」である。

フィールドへ行くべき「理由」なら列挙できる。

「あなたは自分自身で自由に考え、自分の自由意志で行動していると思っている。だが、それはそう考えさせられ、そう意志するように仕向けられているだけかもしれないのだ。たとえば、なぜあなたは複雑な敬語を使うのか？　なぜあなたは教室で積極的に意見を言わないことに慣れているのか？

こうした行動の背景には、あなたが無意識的に学習している「文化」がある。そして、その文化が、あなたの思考や行動を規定しているのだ。

身をもってそのことに気づくには、あなたをしてそう考えさせているもの、すなわちあなたが慣れ親しんでいる文化的環境を出て、異なる習慣のもとに生きる人たちのあいだで暮らしてみればよい。すなわち、外へ出ることだ……」。

いわゆる「文化決定論 cultural determinism」である。

◉ぼくらがフィールドに出る理由　近代哲学の祖と言われつつ、常に揶揄されつづけている哲学者ルネ・デカルト（一五九六－一六五〇）。彼はフランスに生まれ、オランダに暮らし、デンマークに死んだ。若い頃に兵士としてヨーロッパ各国を旅したその旅の途上で、彼は国によって、習慣やものの考え方が違うことを痛烈に体験する。

そして彼は考える。異文化を笑ってはならない。広くそして長いあいだ行われている慣習の意味を天下り式に信じてはならない、と。

このようにして私がそれから引き出した最大の収穫はといえば、私どもにとってこそ甚だ異常なもの笑うべきものに思われても、他の処処方方の大民族によっては一般に受け入れられ、是認される多くの事のあるを見、単に実例と慣習だけで自分を承服させてきたような事はこれをあまり堅く信じすぎてはならぬと覚ったことである。

［デカルト 一九五三：二〇－二一］

デカルトは彼の思考の出発点に、私が確実だと思っていることのすべてについて、その確実性を疑ってみるという哲学的方法を採用する。「方法的懐疑」である。これは、今日でいう文化・伝統・因習（その代表が宗教である）による個々人の思考や行動への規定を逃れ、近代哲学を創始するための最初の方法となった。その背景には一種のフィールドワークとしての、旅の経験があったのだ。

デカルトと同様、方法的懐疑としての旅を自ら実行してみなさい。そうすれば、文化的決定論の呪縛に気づき、自律的な思考（論証に根拠をもつ確実性）を展開できるだろう……というわけである。

●環境に規定されていることを受け容れつつ「やっぱり日本が一番」

だが果たしてあなた（読者であるあなた）は、こうしたレトリックに「なるほど！」と説得されるだろうか？

現代日本の学生と接することを生業とする私は、否定的な印象をもっている。外国へ行っても似たようなものだから、という理由からだけではない。むしろ、それぞれの文化が独自の価値をもつという文化人類学的な考え方が常識化した結果、逆説的に自文化の優位性を肯定する人が増えてきているように感じる。

どういうことか。典型的なロジックは以下のように進む。各々の文化が個々人を規定していることは認める。おそらくそのとおりだろう。そして、日本文化だけが優れているのではなく、他の諸文化も同様に、ひとつの文化として同じ価値をもつことも認める。それはそうだ。でも、そうだとするなら、どれも同じ価値をもつのだから、別の文化に学ばなくても、今ここで暮らしている日本（あるいは自分が生まれ育った地元）が「やっぱり一番慣れているし好き」だから、別に外を知らなくてもいい……というのである。

このロジックはなかなか手ごわい。地元を出る必要などまったく感じないという感情に、少なくとも意識の上で満足しているとき、それを疑うために外へ出ることの効用を説かれても、ほとんど効果はない。フィールドワークの面白さや技法をいくら説いても、その満足が揺らぐとも思えないのである。

◉動機の組織化　したがって、世界を人類学色に染めていこうとする我々、フィールドワークという「生きかた」［菅原二〇〇六］を擁護しようとする我々の立場からすれば、重要なのはフィールドワークの技法を説明すること（だけ）ではなく、フィールドへ出る動機をいかに発生させるか、あなたがフィールドへ行こうという気になるにはどうすればいいのだろうか、ということなのだ。

東日本大震災のボランティアに行く、でもいい。卒業旅行に国内温泉ではなく発展途上国を選ぶ、でもいい。人はなぜそのような旅に出るのか。「それは個人の意志でありどうしようもない」という意見に、私は賛成しない。我々が文化的環境に影響を受けるのなら、我々の旅とフィールドワークをめぐるこの言説もまた、そのような動機を構成し構築する動きの一部である。重要なのはそのような「効果」を及ぼすことであって、それがなければ、あまたのフィールドワーク論やエスノグラフィーは、ますます自らの秘教＝秘境化を押しすすめることになるだろう。

4　実践の累積としての哲学の必要性

◉はじまりの更新　一方で、哲学である。[1] 哲学には、ここからはじめれば良いという出発点がない。

鷲田清一がメルロ＝ポンティを引きながら言うように、「おのれ自身の端緒が更新されていく経験」、「自分が当たり前だと思っていてとくに意識していなかった（…）初期設定やフォーマットに気づかされること」こそが哲学である（本書一二四頁）。自分の出発点自体に気づくことが大切なのだから、哲学にとっては、自分の思考の根拠をどこにするかは、常に大問題となる。どこを思考の出発点とするか、それがいつも問われ、問いなおされつ

［1］　実は私は学部時代、哲学を専攻していた。外的理由は「文化人類学の専攻が存在しなかった」からだが、もちろん哲学的思考に興味があったからでもある。卒論を書いて人類学の大学院に進んだから、哲学専攻にいたのはたった四年（一年留年している）であり、ここではアマチュア哲学徒として語る。

づけているのである。

哲学は最初からすべてをやり直す必要がある。反省や直観が手に入れた道具を投げ捨て、まだ反省も直観も区別されていない場所に身を置くこと、「主観」と「客観」、実存と本質が混ざりあったまま、一挙にわたしたちに与えられ、まだ「加工されていない」経験のうちに、これらをふたたび定義しなおせるような場に身を置く必要がある。

［メルロ＝ポンティ 一九九九：一一三］

◉哲学の必要性

「自分にとって当たり前だと思って意識していなかった初期設定に気づかされる」という経験が今ほど必要とされているときはないと私は思う。「近代」という大きなプログラムの限界が至るところに噴出している現在、近代のさまざまな初期設定に気づくことこそ、私たちが陥っている穴に気づき、そこから出ることのスタート地点だからだ。

これは決して上空飛行的な感想ではない。大学教員としての私の日常は、ますます国家による管理によって埋め尽くされつつあるが、それが事態を打開する見込みはほとんどないように見える。組織内部においても自己点検という名の相互監視化が進み、全体としてのパフォーマンスはむしろ低下しつつある。他方で、教育と研究にかけられる時間は驚くほど少ない。他方で、本書の表紙で世界に触れようとしている幼児が食べる日々の食品、それを市場で手に取るとき、私はその産地を一瞬気にし、その自分に行き場のない嫌悪感を覚えている。対策を専門家たちに求める声は日々繰り返されるが、その結果、事態はどんどん悪化する。その象徴があの原子力発電所だ。

このような日常を私たちは求めていたのだろうか。今ほど「われわれ自身の端緒」を問いなおさねばならないときはないように思う。

◉反・方法

このように哲学的思考はいよいよ求められていると思うのだが、ここに問題がある。どうやら「哲学」はかなり難しそうなのだ。

「哲学は最初からすべてをやり直す」以上、そこに決まった方法はない。どうはじめるか、何から手をつけるかも、あなたに委ねられているのだ。「デカルト、ヘーゲル、フォイエルバッハは、たんに、同じ概念から開始していないというだけでなく、そもそも同じ開始概念をもっていない」［ドゥルーズ、ガタリ 一九九七：二三］。思考の方法をつくることから哲学ははじまるのである。

それゆえ哲学には、それぞれの人に特異な実践（実際に哲学をやってみること）しかない。その道行きは哲学者ひとりひとり多様である。

さらに、思索の基礎となる土台自体が哲学者ごとに更新されていく以上、哲学を体系化し、一貫した学問として構成することも不可能である。哲学がつねに哲学者の名前とともに語られる理由はここにある。誰々がどんなふうに哲学したか（しているか）があるだけ、なのだ。哲学者たちはそれぞれの概念の創造者であって、一人として「同じ平面のうえにはいない」［ドゥルーズ、ガタリ一九九七：四三］。

哲学の教科書は、哲学者がどう思考をひらいたかを伝えることはできる。だがあなたが行う哲学のやり方を教えてはくれない。哲学にとってマニュアル的な教科書はありえない。だから哲学教育はゼミナールで、対話の空間でお互いを見せる／見る関係のなかで行われる。各自が開始し、各自が創造していくしかないのだ。

こうして、哲学は個々の実践の累積、哲学は反方法的な活動として定義される。

くりかえそう。哲学には、哲学しようとするそれぞれの個人の実践があるのみである。そこには、フィールドワークの技術論のような、教科書的な意味でいう方法はありえないのだ。

５　哲学の孤独あるいは無矛盾性の危険

◉哲学者は孤独な思索者か？

だがこのように考えてみると、哲学することがとても孤独な辛い作業に思えてくる。

たしかに哲学者には、孤独な思索者のイメージがある。薄暗い書斎で書物と一人向き合い、テキストをていねいに読みつづける。沈思黙考する。机の上のコップや、窓の外の木を眺めながら、「存在」や「認識」について考えつづける。タバコを吸いながら、深夜に（昼間も人とはあまりしゃべらず）、万年筆でノートに何か書きつけている。世間から引きこもっているようにも見える（以上、すべて経験から類推するイメージです）。そんな感じだ。

また、哲学するためにはこれまでに手に入れてきた道具を投げ捨てて、すべてをやり直すというのも、あまりにしんどそうである。そんなことはとてもできない、というのが一般的生活者の態度だろう。

愛する誰かを喪ったとき、これまで手に入れてきたもののすべてが手元から零れ落ちる気がする。それならわかる。どこにも行くあてがなく街をさまよい歩くほかなかった夕暮れ、ふと意識が「まだ反省も直観も区別されていない場所」にたどりつく。そんなこともあったかもしれない。そして風景が、人びとの顔が、日常の事物が、それまでとはまったくことなる相貌のもとに立ち現れてくる。そうだったかもしれない。そのとき私は、たしかにまだ「加工されていない」経験に触れていた。たしかにそうだとは思う。

だがこうした哲学的瞬間は、日常生活のなかに断片的に噴出するものであって、それを日常として生きることは相当困難であろう。日常生活を送りながら、その実「すべてを投げ捨てて」いる。そのような哲学などをする（それも孤独にする？）ことが、一体誰に可能なのか、ということなのだ。

◉無矛盾性への固執

もうひとつ問題がある。それは哲学的な思考が、「無矛盾性への指向」にとらわれ、他者の意見を受け入れがたくなるという傾向に陥る危険である。

無矛盾性への指向とは、自分の考えが内的に一貫しない（矛盾する）inconsistent 状態を避けようとする傾向のことである。非一貫性を避けようとすればするほど、その哲学は体系化し「完成」に近づいていくはずだ。自分自身の経験を頼りにするほかない孤独な思索者にとって、無矛盾性は自分の思考を他者へと開くために必要な条件に見える。

だがカントが述べたように、あらゆる人間の認識が根本的に不完全なものであることを運命づけられているのだとすれば、認識や存在に関するどのような哲学的思考も、運命的に不十分である。みずから完全であることを宣言するような哲学的議論は、不可避的にまちがっている。私たちに可能なのは、それぞれの「不十分さ」を比べてみることでしかない。

現代のように個々人が孤立している状況において、矛盾のない体系を構築することの魅力に飲みこまれ、自らの無矛盾性を論拠として他者に自説を受け入れるようにせまることは、きわめて危険である。一八世紀ドイツの作家・批評家であるレッシング（一七二九－一七八一）を引きながら語るアーレントのことばを聞こう。ここでアーレントが強調するのが「世界への肩入れ」である。

一つの決まった世界観をとれば、可能なパースペクティブの一つに固執することになり、世界の中での更なる経験を受けつけなくなってしまいます。（…）驚嘆すべきなのは、レッシングの世界への肩入れが、全ての書いたり、話したりする人々にとって自明のこととされている無矛盾性さえも世界のために犠牲にする域にまで達している、ということでしょう。（…）彼は、自分が誰からも強制されることを望まなかっただけでなく、自分自身も暴力によるのであれ立証によるのであれ、他人を強制することを望まなかったのです。そして彼は、理性を酷使する論議や、強制的な論証によって思考を支配しようとする人々の圧制を、正統性の主張よりも自由にとって危険であると見ていました。彼は（…）歴史の中に矛盾のない体系を構築することで自らのアイデンティティーを確立する代わりに、いわば「認識の酵素に他ならないもの」を世界にばらまこうとしたのでした。

［アーレント 二〇〇二：一六一一七］

6　思考のための場所はどこにあるか

動機を欠いたフィールドワーク技術と、反・方法的思索としての哲学。私の考えでは、この両者を接続するところから、新たな地平が広がっている。そこから「フィールド哲学」の可能性が見えてくる。

前節で述べたように、日常的な生活を営みながら哲学することはなかなか難しい。しかし「すべてを投げ捨てて」「どのように考えるかという方法からはじめ」「かつ孤独ではない」ような哲学の方法が存在するように、私には思われる。それが「フィールドで考える哲学」としての「フィールド哲学」だ。

◉思考の場所はどこにあるか　一般に哲学することは、思考する場所と結びつけて語られることは少ない。ニーチェは『この人を見よ』のなかで、ドイツという場所が物事を考えるのにいかに適していなかったかを語っているが、その主張を真に受ける人は少ないだろう。ドイツにはたくさんの哲学者が育っているからだ。

だとすれば、哲学する場所自体はどうでもよくて、そこで哲学がはじまることで、そこが哲学する場所になるのだろうか。ちなみに京都には「哲学の道」という道がある。私の家のすぐ近所であり、何度も歩いたことがあるが、そこを歩くと何か哲学的な感じになるかといえばそんなことは全くなかった。当たり前である。

◉哲学的な場所、哲学的な関係性　自分のことをふりかえってみよう。私がなんとなく哲学的になるのは、お風呂に入っているとき、眠る前の布団のなか、電車のなか、喫茶店、自転車に乗っているときや散歩しているときなどである。研究室という名前の部屋もあるが、ここにいると研究できるかといえばそんなことはない。哲学の道と同じである。

他方で、自分をとりまくモノや人との関係性という観点からみると、すばらしいアイデアやじっくりとした思案に満ちた本を読んでいるとき、たくさんの本の背表紙をみながらそれらをどんどん手にとって自由に思考をはばたかせているとき、幼児の動きを観察しているとき、そして何よりも、他者の面白い話を聞いているとき（ここで私は学生時代に受けたいくつかの講義のことを思い浮かべている）、何度も議論を重ねてきた他者とまた新たな議論をしているとき、などに私は哲学的になる。

◉**哲学的なモード**　ここから見えてくるのは、私にとって哲学的な場所とは、私が私であることを堂々と一時中断できるような場所だということ。またそのような状態にいる「私」が、思考を触発するモノや人に接触しているような場所だ、ということである。

私が「佐藤知久」という大学教員として存在するのではなく、その役割を一時停止し、かつその場にいることを許されているような場所。ある役割ともう一つの役割のあいだの移行地帯（サード・プレイス）。ただの肉として湯のなかに浮かぶとき。教室に聴講者の一人として座って、あるいは本を読みながら、他者の語り・他者のことばに全身を委ねているとき。路上や車中で、匿名の誰かとして、私的領域にひきこもるのではなく人々のあいだにいるとき。こうしたとき私は、私というアイデンティティを堂々と宙づりにし、自分であることを一時停止することが正当化されている。そのような場所において、私は哲学的なモードに入りやすいようなのだ。

7 〈なじみ〉の切断から広がる地平

◉**環境への〈なじみ〉**　別の言い方をすれば、これは自分自身を構成する環境への〈なじみ〉から一時的に切り離されるということでもある。

たとえば私たちは自室にいるとき、たとえそこが真っ暗でも、ほとんど考えることなく電気のスイッチを入れることができる。それは身体がその空間になじんでおり、事物の配置を勝手におぼえているからである。自動車の運転、コンピュータのキーボードを叩くこと、日本語を流暢に話すこと、なども同じだ。

このような「なじみ」は、私が世界に触れるそのひとつひとつの行為、身体と環境とのあいだの、さまざまな知覚システムを使ったやりとりの蓄積によってつくられる。私の自室は私自身の痕跡に満ちており、私は否応なくそこに結びつけられている。

> ラットが目を見えなくされ、耳を聞こえなくされ、匂いを感じなくされ、感覚毛を奪われ、さらに、身体の一部を麻痺させられても迷路を走ることができるのは、定位づけ［自分自身を環境に対して位置づけること。移動したり巣に帰ることの基盤となる］がどれかひとつの感覚に依存していないことを示している。
>
> ［ギブソン 二〇一一：八五］

ラットと同様、私たち人間もまた、環境のなかにある不変なもの（たとえば自室の物理的構造とスイッチの位置）を検知し、その不変項になじみ、それを利用することで、自然／文化的環境に対して適応的に動いている。「私」とは、こうした〈なじみ〉を通じて成り立つもの、環境と身体が接続して成り立たせる、ひとつらなりの生態学的な回路なのである。

◉環境と身体との生態学的ネットワーク　私たちの身体とそれをとりまく環境がつくる回路のおかげで、意識によって明確に制御しなくても身体は勝手に動く。会話の場面では、意識していなくても会話を順調に駆動するための身体的なやりとりの構造が出現する［菅原二〇一〇］。日常的行動の基盤には、環境と身体、身体と身体とが触れあうなかで形成された〈なじみ〉による行動の半自動化が存在しているのだ。

私たちは「自由な意志をもった自律的な個人」などではまったくない。それは、周囲の自然環境・文化的環境・社会的環境のすべてをふくめた環境との相互行為のなかで立ち現れるひとつの現象である。私とはヒト・モノ・環境がつくるネットワークの交点に位置し、そのネットワークによって点灯させられている、ひとつの結節点、ひとつの光なのである。

わたくしといふ現象は
仮定された有機交流電燈の
ひとつの青い照明です
（あらゆる透明な幽霊の複合体）
風景やみんなといっしょに
せはしくせはしく明滅しながら
いかにもたしかにともりつづける
因果交流電燈の
ひとつの青い照明です
［宮沢　一九七九：五］

◉〈なじみ〉を切断する　このような生態学的回路を一時的に、しかし一定の時間の幅をもって部分的であれ切断すること。それこそ私が、哲学の方法ならざる方法、フィールド哲学の入り口として提案するものである。「私がなじんだ場所」を離れて「フィールド」へ出ること。そこにこそ哲学的なモードへ移行する入り口のひとつがあるのだ。

私が私であることからズレる場所。私という意識が一時的に薄れ、雄大な景色や動物たちなど、他なるものの存在感や、他者のふるまいにこの身を委ねてしまう場。大それたことでなくてもいい。喫茶店、風呂、乗り物（幾多の映画が乗り物の場面をふくむことを思いだそう。物語は移動からはじまる）。動物園。面白い人の話を聞くこと、新しい部屋に引っ越すこと、新しい職場に移ること。散歩に出る、新しい空気を吸う。窓を開ける。そんなことでも構わない。そのとき私たちは、自分自身から少し離れ、自分が何か別のものに触れていることに気づくはずだ。私の提案は、「できるかぎり積極的に、できればひとつの場所を選んでそこに出てみることによって、我々は半ば自動的に、哲学的な思考へと誘われていく」というものである（そしてそれ以前の時間に、部屋や職場に自分がどれほどなじんでいたかを我々は想起させられるはずである。ふるさとを失うとはそういうことだ）。

だが、このとき世界は新しい手触りとともに立ち現れる。それは必ずしもつらく悲しい経験ではない。少しずつでも、私たちはこれまで学んできたこととは別の生きかたを学び直すからだ。もう一度、モノがモノとして見えてくる。他者の顔は不可思議な肉へと変貌する。日常のなかにあるこの小さな切断面や裂け目こそ、哲学的思考への入り口である。この裂け目のなかで時間をすごし、そこで起きていることを「加工されていない」経験として徹底的にとらえようとするとき、フィールドワークと一体化した哲学がはじまるのだ。

◉関係構造のなかで触発される　ここまでの議論をまとめよう。

本章冒頭で私たちは、フィールドワークへ行く動機が「文化決定論」ではもう弱いことを確認した。次に、哲学について、それが方法を持たないこと、それが自らの初期設定に気づきそこから自由になっていくことを目指すことを確認した。だが哲学の必要性がこれまで以上に高まっているにもかかわらず、哲学の道行きは孤独かつ困難であることを見た。

我々のアイデアは、方法を持たない哲学的思考のための方法として、フィールドワークを位置づけ直すというものである。

フィールドへ出ることはかつて、エキゾティックな冒険として語られた。フィールドへ出ない者に対してフィールドワーカーは「現場」を知る者として語った。だがフィールド哲学にとって、フィールドは観察と記述をつうじた伝達、「かれらの姿をわれわれに伝える」のための作業場所ではない。フィールド哲学者は「行けばわかる」とマッチョに語るわけでもない。ポイントは、異なる場所に移動することで、みずからのアイデンティティが宙づりになり、「加工されていない経験」が立ち現れてくることにある。その経験に新たな手触りを感じることが、哲学的思考を半自動的に起動させるのだ。行けばわかるのではなく、行けば考えるのである。

８　どこで思考を起動させるか

私たちがたとえどれほど強固に「自己」を形成したとしても、世界と身体との常なる交渉は、私たちの意識の下の方にある基底的な「気分」をつくりつづけている。したがって、異なる環境、他者・自然・世界との異なる関係構造のなかに置かれたとき、私たちは別様に触発されていく。たとえば、私たちの食の好みも、話し方も、身振りや歩き方も変わるのだ。

それゆえ（これが最後の話である）、そのようなフィールドをどこにするのかは、どのような哲学的思考が起動されるかに密接に関連する、最も重要なポイントである。

以下本書の各章が示すのは、どのようなフィールドを選ぶと、どのような哲学的思考が惹起されるか、その実践の軌跡である。本書には、中国／モンゴル／ろう者のコミュニティ／科学者のコミュニティ／イタリアの精神障害者といった、さまざまなフィールドが登場する。こうしたフィールドは、それが知られていないから、著者たちによって選択されたのではないと私は思う。かれらはそこにおいてこそ考えることができる何かがあるから、フィールドへ旅立ったのだ。そしてフィールドにおいて、自分自身の初期設定をもう一度とらえなおし、かれらの問題としてではなく、かれらをふくむわれわれの問題として、人類学的思考をつむぎだしているのである。

同様にあなたもまた、自分自身が問いたずねたい問題について考えるのに適した場所を見つけること、だ。それはあなたにしかできないし、私はそれを待つのみである。

フィールド哲学とは何か。それは、自分自身をとらえて離さず、そして哲学的と呼びうるような長い射程をもった問題について、孤独な概念的思索のみによってではなく、いま自分自身が他者たちとともに生きている日々の経験のあり方を緻密に分析していくことを通じて、思考することである。

このとき思考がフィールドの「他者たち」とともにあるということは、あなたを無矛盾性の罠から救いだすだろう。たとえあなたがフィールドで孤独だったとしても、そこは真の意味で孤独な思索の場ではない。あなたが他者たちとつきあいながら思索するかぎり、あなたは世界観察者ではなく参与観察者なのだから。

あなたの思索はそこにいる他者たちの声にとりまかれ、かれらの思索と混じりあうだろう。フィールド哲学とは、フィールドについての哲学でも、フィールドワークの成果を哲学風に解釈することでもない。フィールドは、異なる現実としてあなたを哲学的思考へ触発する。その触発をもとめてフィールドへ向かうこと、それがフィールド哲学の出発点である。

世界を知ることは、世界について知っていることが世界ではないと知ることだ。世界を知ることは、世界を生きることだ。知識の増殖ではなく、知識をすてて、問い直すこと、その答をすてて、その問いをすて、もう一度世界にきくこと、ここで世界は音楽の問題とつながる。はじめもおわりもない、決して完成されず、とどめようもなく消えていく音楽だ。

［高橋 二〇〇一］

世界の手触りから学びはじめなければならない子どもに、もう一度なればいいのだ。外国のように〈なじみ〉のない場への移動は、初期設定を問いなおすモードに私たちを移行させる。だが、もし子どもになることができるなら、幼児のように、自分がいる場のその手触りを、その場にいる他者たちとともにもう一度あじわいなおすことからはじめることができるなら、そしてその手触りの感触を新しい文体で記述できるなら、フィールドは、「今ここ」でもまったく構わないはずである。

「ここがフィールドだ。ここで跳べ」

【参照文献】

アーレント・H（仲正昌樹［訳］）二〇〇二『暗い時代の人間性について』情況出版。
ギブソン・J（佐々木正人・古山宣洋・三嶋博之［監訳］）二〇一一『生態学的知覚システム―感性をとらえなおす』東京大学出版会。
佐藤郁哉 一九九二『フィールドワーク―書を持って街へ出よう』新曜社。
菅原和孝 二〇〇二『感情の猿＝人』弘文堂。
菅原和孝 二〇〇六『フィールドワークへの挑戦―〝実践〟人類学入門』世界思想社。
菅原和孝 二〇一〇『ことばと身体―「言語の手前」の人類学』講談社。
高橋悠治 二〇〇一「方法から反方法へ」『方法』第９号。http://aloalo.co.jp/nakazawa/houhou/haisinsi/20010707hh009.html
デカルト・R（落合太郎［訳］）一九五三『方法序説』岩波書店。
ドゥルーズ・G、ガタリ・F（財津 理［訳］）一九九七『哲学とは何か』河出書房新社。
宮沢賢治 一九七九『新修宮沢賢治全集 第二巻』筑摩書房。
メルロ＝ポンティ・M（中山 元［訳］）一九九九『メルロ＝ポンティ・コレクション』筑摩書房。

第2章　現成する場所、立ち現われる身体
――掛け合い歌における身体の二重性

梶丸　岳 *KAJIMARU Gaku*

1　掛け合い歌と身体

掛け合い歌は日本や西南中国、東南アジアなど、アジアを中心に世界中で見られる芸能だ。合唱における交互唱やカラオケのデュエットも歌を掛け合いはするが、本章がテーマとする掛け合い歌はこれと少し異なる。本章でいう「掛け合い歌」は一定の旋律にある程度即興で歌詞をつけて歌い交わすものを指す。これは歌声の言葉としての側面を音楽としての側面よりも重視する点で、歌詞が決まっていて、歌声の音としての表現力（音楽的表現力）を引き出すことを目指す「歌」とは異なる。

掛け合い歌は世界各地に存在するが、多彩な民族集団が暮らしてきた雲南省や貴州省といった中国西南部（図2・1）はとりわけこれが盛んな地域であることが知られており、歌の掛け合いが恋愛や結婚、新居の落成など生活のさまざまな場面で行なわれてきた［梶丸二〇一四］。貴州省で歌われる「山歌」もそうした掛け合い歌の一つである[1]。山歌はプイ族がおもな歌い手となっており、中国語貴州方言で歌う「漢歌」とプイ族固有の言語プイ語で歌う「プイ歌」に分けられる。漢歌については漢族など他民族も歌うが、プイ歌はプイ族のみが歌う。どちらもさまざまな場面にそったジャンルの歌があるが、現在

［1］厳密には、「山歌」は掛け合い歌以外も指すことがしばしばあるのだが、本章では拙著の用語法［梶丸二〇一三］にならって「山歌」を掛け合い歌に限定して用いることとする。

は男女の恋愛の過程を歌った「情歌」と、年越しの準備を歌っていく「年歌」がよく歌われる。現在山歌の歌い手はほぼ中年以上の男女で、なんらかのイベントに呼ばれて副業的に歌っていることが多い。

日本や中国ではしばしば掛け合い歌が恋愛や結婚における習俗として取り上げられるので（たとえば［Mu 1998］）ロマンチックで美しいものとして想像されがちであるが、少なくとも本章で取りあげる山歌はきわめて地味である。旋律は拍節感はあるもののゆったりしており、まったく情熱的には聴こえないうえに掛け合いを通じてほとんど変化もしない。「チンメイーチャンコーォペンハオティンナーコーセンフェイタオーォパンティエンユンレー」といった声が読経のようにゆるやかな抑揚に乗って流れつづける単調な掛け合いが数十分からしばしば数時間にわたって繰りひろげられる。見た目にもはなはだ地味である。歌い手たちは舞台のうえで横に並んで歌うこともあれば（図2・2上）、客を迎える「欄路歌（ランルーコー）」のように向かいあって歌われることもある（図2・2下）。だがどちらにしても歌い手たちは掛け合いのあいだほとんど身ぶりを示すことがない。[2] 腕は下にさげられたままであり、基本的に立ったままそこから一歩も動かない。「欄路歌」はせいぜい数十分で終わるのでまだましであるが、舞台上でのパフォーマンスになると本当に数時間にわたって写真に示した態勢から動かない。この一見したところ退屈極まりない歌が、歌詞を聞きとれるようになると大きく姿を変える。「情妹唱歌本好聴、歌声飛到半天雲（愛する妹の歌は本当にすばらしい聞き心地だ、歌声は空の真ん中に浮かぶ雲にまで飛んでいく）」。右記の歌は、歌詞が聞き取れる人には旋律に乗ってこのように聞こえてくる。歌い手たちは膨大に蓄積され磨き上げられてきた定型表現を記憶しており、それを場と相手の歌に合わせて操り

図2·1　貴州省の地図

図2·2　上：山歌ステージ（2008年貴州省羅甸県）と下：結婚式の客を迎える欄路歌（2009年貴州省貴陽市）

だしていく。聴衆は歌詞の巧みさ、当意即妙のやりとりを楽しむ。山歌における声の音楽的な側面は、こうした言葉のやりとりを支え、遊びとしての掛け合いの場を生みだし支える通奏低音として機能しているのだ[3]。

　山歌において、歌い手の身体はいかなるものとして立ち現われているのだろうか。従来の身体論は四肢を動かした、いわゆる一般的な語用での「身ぶり」に焦点を当ててきた。たとえば人類学においてもっとも強力に身体について論じてき

［2］例外として、特別な演出がなされたＶＣＤにおける山歌ではターン交代のタイミングで腕を前に差し出す動作が入ることがある。だがその動きは実にぎこちない。

［3］山歌の全体的状況ややりとりの具体的な分析については拙著［梶丸 二〇一三］参照。本章はそこで探究することの出来なかった主題について論じる補遺として位置づけられる。なお、掛け合いの動画は梶丸［二〇一三］付属のＤＶＤを参照。私のウェブサイト（https://sites.google.com/site/gakukajimaru/research/shange）でもごく短いが動画を見ることができる。

た菅原がその著作でおもな分析対象にしているのは、グイや日本の人びととの身体的動作つまり身ぶりである［菅原二〇一〇］。これは身ぶりの顕著さを考えればもっともなことだ。しかし、先述のように山歌には身ぶりがない。そこにあるのは、四肢の動きとしての身ぶりをしない身体である。

だが、目に見えやすかろうが見えにくかろうが、身体的な所作を身ぶりだとすれば、声を発することはまぎれもなく身ぶりである。ブルキナファソのモシ王国に暮らす人びとの音文化について厚い記述を行なってきた川田は、モシの人びとの声の実践を論じながら「声は、聞かれるものであるより前に〝発する〟もの」であると述べている［川田 一九八八：二五二］。横隔膜で肺を収縮させて空気を押し出し、声帯を適度に緊張させ空気の流れをほどよく妨げることで震わせ空気に振動を作り出し、それを口腔内の微妙な調整によって操作して口から出す、あるいは鼻から出す。声が音波となって身体から出ていくには、おおざっぱにみてもこれだけの微細な身体的プロセスが必要である。そして、こうして発された声はうまく相手に届けば、そして相手の「身構え」ができていれば、相手を共鳴させ、反響を呼び起こすことができる［梶丸二〇一三：二六五］。こうした共鳴関係においても、四肢による身ぶりと声の身ぶりは本質において変わりがないように思われる。

本章の目的は、こうしたいわゆる身ぶりのない身体、基本的に「声の身ぶり」しかない身体が、山歌においてどのようなものとして在るのかを考察するところにある。ここで手がかりとなるのが、青木恵理子［二〇一三］が提示した「声の身ぶり」と「声の身構え」、大森荘蔵［一九八二］の「立ち現われ」と「言い―現わし」、そしてブランケンブルグが精神医学の文脈から論じた「パースペクティヴ」という概念である。

2　声の場所を現成する

青木によると、「声の身ぶり」は身体の動き、「声の身構え」はその状態を相対的に示すものとして規定される。声の身ぶりの反復から声の身構えが生じ、声の身構えにそって個々の声の身ぶりが繰りだされる。ただし声は時間のなかに生まれる身体の動きであるため、現実にはこれら両方が同時に身体において融合・実現している［青木二〇一三：二八九－二九〇］[4]。「声の身構えは、声の身ぶりの集積のなかにようやく姿を顕し、他者との共在を方向づける」［青木二〇一三：三〇二］。

青木が事例に挙げるフローレス島のズパドリ村とウォロソコ村の人びとは、互いにかなり似通った言語を話しているという。両言語は、一人称単数がズパドリ語ではjaoとなりウォロソコ語ではakuとなるといった語彙の違いや音韻論的な関係（/rh/→/l/への音素変換など）といった、言語音として現われる差異もあるが、そこからさらに際だった特徴として指摘されるのがそれぞれの「声の身構え」の差異である。青木によるとズパドリの人びとの会話は抑揚が大きいのに対してウォロソコの人びとの会話は抑制が効いている。これが如実に表れるのがズパドリ語で言う「ムンガ」、ウォロソコ語では「ムガ」と呼ばれる挨拶や呼びかけの形式である。ズパドリの人びとはムンガを「出会いの際の呼びかけによるもてなし」として行なう。たっぷり抑揚を付けて「どこいくの」などと笑顔で相手に呼びかけ、相手もそれに応えるムンガをする。ムンガをすることは相手に対する饗応であり、ムンガを模倣することは「ズパドリ村における声の身構え習得への近道」であるという［青木 二〇一三：二九六－二九七］。これに対し、ウォロソコにおけるムガは誰何（すいか）に近い意味合いをもつ。ウォロソコの人びとはあまりムガをせず、しても声の抑揚は極端に小さい。またウォロソコでは森の精霊や祖先もムガをするとされており、これらに先にムガされると頭痛がするという［青木 二〇一三：二九七］。

ズパドリでは贈与交換と饗応が、ウォロソコでは霊的権威をもつ、人以外の他者（祖霊や地霊）から与えられる村儀礼と個々人の「知識」が、それぞれの生活世界の要となっており、ムンガとムガはそれぞれの村における要（かなめ）にそった人びとの「声の身構え」の特徴を明確に示している。この概念は聴くこと、声を発することにおけるハビトゥス、とりわけ一定の人間集団において協調の基盤となるハビトゥス［ブルデュ 一九八八：九四］ときわめて近い。この身構えから発される個々の「声の身ぶり」、たとえばひとつひとつのムンガやムガはこうした潜在的な身構えが具現化したものである。

山歌における声の身ぶりは個々の歌であり、声の身構えは定型的な旋律や襯詞（しんし）（意味のない音節）、定型句が一体となった「ノリ」である。山歌の掛け合いに流れ続ける定型的な旋律と、これに結びつき語彙的な意味から離れ調子を整えるためだけに発される定型的な音節。歌詞の言語を理解し使いこなす能力に加え、こうした定型性を身体に馴染ませることが山歌において「声の身構

［4］青木はこの概念をメルロ＝ポンティおよび大森荘蔵の著作から発想しており、用語も大森の「声振り」論［大森 一九八一］に着想を得ている［青木 二〇一三：三〇二］。

え」を形づくる。山歌の場合、この声の身構えが身についていなければ歌の言語的意味を理解することができない。ここでの「身構え」は青木が述べた意味でのそれに加えて、コミュニケーションを成立させるために必要な「ある種の協調的な準備状態」としての「身構え」〔北村 一九八八：四六〕、ある文化のなかでコミュニケーションの一様式である「音楽」や「歌」とされている音を聴くための特別な「身構え」〔澤田 一九九六〕という側面を含んでいる。山歌には地方ごとに固有の「ノリ」、固有の身構えがあり、不慣れな他地方の「ノリ」で歌われるとたんに歌詞が聞きとれなくなる。山歌が技巧を凝らした言葉のやりとりから、よくわからない地味で退屈な音の羅列に変質してしまう。山歌はもっぱら歌詞を楽しむ芸能であり、歌詞が聞き取れなければつまらないと認識されている。よって山歌を歌って・聞いて楽しむためには、声の身構えを聞き手もある程度身につけることが必須であり、また歌い手はさらにそこから声の身ぶりを繰りだし続けられなくてはならない。

声は身体から「発する」ものであるが、さらに聞く者の身体を取り巻き浸透するものである〔Ihde 2007、竹内 二〇〇七〕。声の身構えを身につけることは、こうした声を身体に引きうけ、共鳴させる必要条件である。声の身構えができていることで、人びとは声の身ぶりに応じ共鳴関係に入ることができる。そしてそこに「現成（げんじょう）」〔菅原 二〇一三〕[5]した山歌の場所に住まう。音は一瞬一瞬に消え去るため、歌が続かなくなれば声によって生み出された場所ははかなく霧消してしまう。そのため声の身ぶりが反復され、空間を満たし続けることが求められる。

こうした場所の現成はさまざまな声によって成し遂げられうる。たとえば喧嘩するふたりの怒鳴り声は「喧嘩の場所」を現成する。だが山歌における「歌の身体」は、こうした、場所の現成を担うだけではない。とりわけ舞台のうえで歌う歌い手たちの身体は、場所を基盤として二重写しに「立ち現れ」るのだ。

3　二重の身体の立ち現われ

「立ち現われ」と「言い—現わし」は大森荘蔵[6]〔一九八二〕の哲学において根幹をなす概念に由来する。「立ち現われ」は、世界に在る事物が表象や像を通してではなく風景のなかにじかに露出していることを指している〔大森 一九八二：ii〕。大森にとって表象は「余りもの」である。そして「言い—現わし」は言葉になった声がなにごとかを立ち現わすこと、表象のごとき「意味」越しではなく、声がじかに物事を立ち現わせることを表現している〔大森 一九八二：二一一—二一二〕。こうした立ち現われには「組織上の区分」として嘘－まこと、現実－非現実といった分類が生じる。これは「立ち現われ」のあとに現われる。立ち現われの弁別基準の中心にあるのが触覚（さわれるかどうか）であり、そこと結びつきながら視覚や聴覚などの知覚的立ち現われが蜘蛛の巣のように組織される。いっぽう触れられないものは「思い」的に立ち現われることになる［大森 一九八二：二二一－二二三］。少々長いが、こうした機序が人間集団においてどのように位置づけられるのかについて、大森の説明を引用してみる。

　この現実世界の組織はまた集団生活者としての人間に共有される「共通世界」である。わたしに触れられるものは原則としてまた他の人にも触れられる。これは事実そうなのであって、そうでなければ

［5］この用語はヴァレラらのenactionという概念の訳語として菅原が引用したものであり、世界内存在が遂行する世界と（他者の）心の同時生成を指す［菅原 二〇一三：一〇］。

［6］ただ、中島によると大森が「立ち現われ」という言葉を軸として構想したのは世界に対するものとしての（カギ括弧つきの）「私」、表象が映るものとしての「私の心」を「抹殺」し、「世界のあり方としての私」を復元するという［大森 一九八二：ii－iii］独我論的現象一元論である。さらに大森の思想はこのふたつの概念を提唱したのち、過去を含め世界のすべては無根拠であり言語的に制作されているにすぎないという「言語的制作論」へと転回していく［中島 二〇一四］。よって大森の思索を本章の議論に持ち込むには独我論の世界における相互行為はいかなるものか、そもそもそのようなことがあり得るのかといったところを検討する必要がある。

　この問題についての詳細な検討は今後の課題としたいが、私自身はいまのところ、大森の哲学における「やりすぎ」［中島 二〇一四：一五四］を是正すれば、独我論の世界における相互行為というものを構想するのは可能ではないかと感じている。たとえば人は意志を心のなかにもちそれに従って行為を行なうのではなく「常に意志的である行為だけなのだ」［大森 一九八二：一八六］（傍点は原文）という行為観、そして「外なる世界と内なる心、という分別」、「物」とその見られた表象の剥離は誤解であって、「物」はじかに裸で「立ち現れる」という考え［大森 一九八二：ii］は知覚世界から能動的に意味がみいだされるというアフォーダンス論に近い。このように、「独我論」という言葉でイメージするほど大森の哲学世界は相互行為から隔たっているわけではない。大森の「やりすぎ」とはすなわち、「物心一如の唯一の世界」という世界観を徹底し、そこに住まう世界内存在の能動と受動をも消し去ってしまったために世界＝私が静態的にしか記述できなくなっていることではないだろうか。そこで本章では大森の反表象主義を受け継ぎつつ、その独我論的世界観を一部保留した形で「立ち現われ」と「言い―現わし」という概念を使うことにする。

ならない理由があるわけではない。たまたまわたしの今生きている世界では事実としてそうなのである。そしてわたしに見えるものは原則として他の人にも見ることができる。これまた事実としてである。この事実がわれわれ共有の「現実世界」の中に組み込まれている。だから、わたしにだけ見え触れられるが他の人には見えも触れられもしない立ち現われは「非現実」としてこの「現実世界」からはずされるのである。……非現実の立ち現われも現実の立ち現われと、立ち現われの材質上の差別はない。

〔大森 一九八二：二二四〕

では、山歌において身体が二重写しに立ち現われるとはどういうことなのか。その過程を具体的事例からみてみよう。事例として取りあげるのは二〇〇八年の春節に貴州省羅甸県で行なわれた舞台での漢歌の掛け合いで(図2・2)、「情歌」と呼ばれる恋愛を主題とするやりとりである。男性側は羅甸県在住、女性側は恵水県在住の歌い手である。ちなみに山歌は基本的に男性側二人と女性側二人がそれぞれ「チーム」[Goffman 1959：79] を作り、それぞれがひとつのアクターとなってやりとりを行なう。

舞台で歌われる山歌の掛け合いはしばしば、聴衆や主催者への挨拶ではじまる。

〔f3〕

站在台上把歌唱、

(ステージの上に立って歌を歌い、)

祝贺领导大发财。

(指導者の方がお金持ちになるのを祝います。[7])

この段階では歌い手たちはこの掛け合いの場を与えてくれた主催者（上の事例の場合は羅甸県民族宗教局）や聴衆に対して挨拶をしており、「中年の歌い手男女」として舞台に立っている。だが掛け合いが本格的にはじまると、この姿が揺らぎだす。こうした挨拶に続くのは、互いに相手の歌の技量を讃え、自らの歌の技量を謙遜するやりとりである。

〔ml3〕

妹会唱歌歌赶歌、

(妹は歌を歌えて、次から次へと歌が続きます、)

会织绫罗梭赶梭。

(繻子を織れて、杼は次から次へと動きます。)

〔fl3〕

我的山歌唱不好、

(私の山歌はうまくない、)

上又焦来下又焦。
（上から下まで焦っています。）

一見するとここではそのまま「中年の歌い手男女」という姿が続いているかのようにみえる。しかし〔m13〕にあるように、ここでは女性側を「妹」と呼称している（なお、男性側は「哥」（兄）と呼ばれる）。山歌では一般に恋人同士の男女を兄妹になぞらえて歌う。つまりこの段階に入ると、歌い手同士は擬似的に「若い青年男女」という姿に変容し、女性に惚れて連れそおうと誘う男性と、その気持ちを試す女性という関係が現われる。

〔m47〕
想妹多啊～～～
（妹を想っています！）
去年想妹到今说。
（去年妹を想って今に至ります。）

〔f48〕
妹在妹乡十八年、
（妹は妹の郷に十八年もいるのに、）
哪叫情哥不来连。
（どうして兄は来て連れ添わなかったのですか。）

このように、山歌では最初歌い手の身体が知覚的にのみ立ち現われていたのが、徐々に歌のなかで二つめの身体が言い現わされてゆく。ここで注意すべきは、視覚的にはなにひとつ変化が起きていないことだ。歌い手は身ぶりひとつせず衣装もそのままで、淡々と歌の掛け合いのなかに「若い青年男女」の姿を言い現わし、山歌の場所のなかでその想像の姿が「思い」的に立ち現われる。この身体は現実の知覚的立ち現われとして存在する身体と二重写しになっている。歌い手の属性は折に触れて引用されるが、それとて「思い」的に立ち現われる。そもそも直接知覚不可能なものはすべて「思い」的立ち現われなのだ。

［７］本章の事例はすべて梶丸［二〇一三：付録一］より。なお事例に振られた記号は梶丸［二〇一三：付録一］に付けられた通し番号に対応している。m は男性側、f は女性側の歌い手を意味している。

〔m27〕
两个情妹惠水来、
（二人の妹は恵水から来ました、）
过河过水打湿鞋。
（川を渡り水を越えて靴が濡れています。）
不得花盆妹洗脸、
（美しい盆で妹に顔を洗ってもらうこともできず、）
没得冈炭妹烤鞋。
（妹に靴を乾かしてもらう炭火も用意できません。）

この事例においても、女性側は恵水というところから来ていることは事実だが、知覚的立ち現われとしては女性側（「妹」）の靴は濡れていない。この歌詞のなかで、歌い手の身体は現実と非現実の二重写しとなっている。

　山歌のやりとりは主題・ジャンルごとに文脈がある程度定型化されており、そのなかでどのような歌詞を繰りだすかが腕の見せどころになっている。よって、ここまで見てきたように主要な部分のやりとりは「物語」であると言える。こうした創造的な言い現わしについて大森はこう述べている。

　嘘つき、ペテン師、妄想患者、作家、詩人、これらの人々はこの「現実世界」の外に立ち現われを創造する。まさにそれを「言い現わし」、「思い現わす」のである。それらの立ち現われはこの動物的な、余りにも動物的な「現実世界」からはしめ出しをくうだろうが、彼らはまた一つの（余りにも？）人間的な「現実世界」を作り出しているとも言えはしないか。
〔大森 一九八二：二二五〕（傍点原文）

　確かに、「立ち現われ」一元論の立場から考えれば、空想の「物語」もまた（人間的な）「現実世界」といえる。ただし山歌の場合それは知覚的立ち現われが存在する世界とまったく別の世界ではない。先の事例にみたように、掛け合いのなかには（動物的な）現実世界が入りまじっている。かくして、山歌における身体は知覚される世界にまず立ち現われながら、徐々に「思い」的に立ち現われる世界のなかに言い現わされ、しかも両者が切り離されることなく二重写しになるのだ。

　では、立ち現われ、立ち現わされる二重写しの身体はいかなるものとして経験されるか。それは、パースペクティヴの戯れとしてである。

4　二重のパースペクティヴを戯れる

「パースペクティヴの戯れ」は『身体化の人類学』

〔菅原〔編〕二〇一三〕に寄せた石井美保の論文〔石井二〇一三〕のタイトルである。石井によるとパースペクティヴの問題を扱った論考は現象学や発達心理学をはじめとする諸分野において数多くあり、人類学においてもヴィヴェイロス・デ・カストロが南米先住民諸社会における人や動物の関係を特徴づける概念として導入しているが〔Viveiros de Castro 1998、石井二〇一三：三七六－三七七〕、ここでは石井〔二〇一三〕と精神病理学者ブランケンブルグの「パースペクティヴ性」「パースペクティヴの交換」をめぐる議論を参照しつつ、山歌におけるパースペクティヴの戯れについてみていきたい。

パースペクティヴ（perspective）はもともと美術史や幾何学、光学における「遠近法・透視図法」を意味する言葉だったが、さまざまな分野において転用されている。ブランケンブルグはこれを「パースペクティヴ性」（Perspektivität／perspectivity）という言葉にずらして精神病理学への応用を試みた。彼によるとこの言葉は「人間が世界に対してとりむすぶ関係について、そして世界が人間に対してどのように現われているのかというありかたについて」述べるものであり〔ブランケンブルグ二〇〇三a：二〕、「人間の実存の「今ここで」というありよう」「空間的・時間的・身体的次元にとどまらず、結局のところすべての所与が主体（主観）に結びつけられているということ（主体関連性）を意味し、さらにまた、逆に人間の実存が世界に結びつけられているということ（世界関連性）――メルロ＝ポンティの言う「世界内存在／世界への存在 être-au-monde」――を示してもいる」〔ブランケンブルグ二〇〇三b：一〇〕。ブランケンブルグは「パースペクティヴ」という言葉についての定義はとくに行なっていないが、「パースペクティヴ性」という言葉の使いかたからみれば、パースペクティヴとは世界とこうした関係をもつ主体（主観）の知覚的中心（視覚に代表させるならば「視座」）とそこからの世界の立ち現われ（視覚からいえば「見え」）であるといえよう。

こうしたパースペクティヴ性は主体（そしてパースペクティヴ）の立場拘束性によって制約を受けている〔ブランケンブルグ二〇〇三b：九〕。個々のパースペクティヴは当然それぞれに固有であるが、発達とともに「脱中心化」の過程を経て、現実と妄想的な関係を取りむすんでいない人は、部分的にではあるが複数のパースペクティヴのあいだを動きまわり、それらを交換してゆくことができるようになる〔ブランケンブルグ二〇〇三b：一一－一二〕。

石井は南インドのカルナータカ州沿岸部で広く行なわれているブータ祭祀における神の憑依を、パースペクティヴの交換という観点から分析している。「ブータ」はこの地域で祀られている神霊であり、ブータ祭祀ではブータの踊り手が他者の模倣（神霊の模倣をする年長の踊り手の模倣、という二重のミメシス）によって踊りの技芸を習得するとともに、神霊をみずからの身体に憑依させる。これはつまり神霊のパースペクティヴを引き受けるということを意味する。しかし完全な憑依は一瞬であり、儀礼のほとんどは神霊の力を身体に感じ神霊としてふるまいつつも、自己のパースペクティヴを失わない状態で行なわれる。ブータ祭祀において、踊り手は「自己と自己の模倣する他者、あるいは神霊という他者のパースペクティヴを遊ばせ、それらと戯れる」のだ［石井 二〇一三：三九二］。

山歌の掛け合いにおいて立ち現われる二重の身体も、ブータ祭祀の憑依ほどではないにしろ、二重のパースペクティヴの戯れとして経験されているのではないだろうか。歌い手たちは中年の歌い手として舞台に立ち、歌を繰りだしながら、その繰りだした歌のなかに立ち現われた身体において、若い恋愛する男女として歌をかわしていく。これらの身体は異なるパースペクティヴ性をもっているが、歌い手はその両方を保持し、互いに行き交い、時に互いを浸透させることで二重の身体を生きる。そしていみじくも本章の事例で男性側が歌ったように、歌い手たちはこうした身体を「言い―現わし」ながら遊び、戯れるのだ。

〔f23〕
只有唱歌得玩耍、
（歌を歌うのは遊びのためです、）
哪有唱歌定输赢。
（どこに歌で勝ち負けを決めることなどありましょう。）

5　おわりに

「声の身構え」を土台とし、「声の身ぶり」が繰り返されることで生みだされ維持される声の場所。この場所のなかで、歌によって「思い」的身体、非現実的な身体が、知覚的に立ち現われる身体と二重写しになって「言い―現わ」されてくる。こうした二重の立ち現われはさまざまな舞台演芸などでもありうるだろうが、山歌の場合は第二の身体の立ち現われに視覚的要素がまったく貢献しておらず、音楽的にも単調であるぶん、歌い手と聴衆のあいだで「声の身構え」が共有されていることが不可欠となっている。もちろん、さらに歌い手の技量が優れているに越したことはない。本章で事例としてあげた掛け合い歌の歌い手は、この掛け合いを収録したあとのインタビューで「うまい歌い手同士が掛け合うとどんどんいい歌が出てきて、聴衆も真剣に夢中になって掛け合いを聞く」と言っていた。見事な表現と熱のこもった掛け合いによって人びとは山歌の「声の場所」に引きこまれてゆき、掛け合いの声のなかにありありと「二重の身体の立ち現われ」を見る。そして歌い手は二重写しの身体＝パースペクティヴを戯れ、聴衆はその戯れを楽しむ。
　声による「言い―現わし」は一瞬一瞬で消え去るものではあるものの、それが反復され、持続されていけば、聴衆も含めた人びとのあいだに二重の身体、二重のパースペクティヴを戯れる場所を支える力を生みだしていく。たとえ掛け合いが終わってしまえば霧消するといえど、そこにあるのもまた歌声の共鳴するひとつの「人間的な現実世界」なのだ。

【参照文献】

青木恵理子　二〇一三「声の汚染―フローレスにおける身体と心と言葉」菅原和孝［編］『身体化の人類学―認知・記憶・言語・他者』世界思想社、二八五‐三〇四頁。
石井美保　二〇一三「パースペクティヴの戯れ―憑依、ミメシス、身体」菅原和孝［編］『身体化の人類学―認知・記憶・言語・他者』世界思想社、三七五‐三九六頁。
大森荘蔵　一九八一『流れとよどみ―哲学断章』産業図書。
大森荘蔵　一九八二『新知覚新論』東京大学出版会。
梶丸　岳　二〇一三『山歌の民族誌―歌で詞藻（ことば）を交わす』京都大学学術出版会。
梶丸　岳　二〇一四「「歌垣」から歌掛けへ―歌掛けの民族誌的研究に向けて」『社会人類学年報』四〇：一三三‐一五〇頁。
川田順造　一九八八『聲』筑摩書房。
北村光二　一九八八「コミュニケーションとは何か？」『季刊人類学』一九（一）：四〇‐四九頁。
澤田昌人　一九九六「音声コミュニケーションがつくる二つの世界」菅原和孝・野村雅一［編］『コミュニケーションとしての身体』大修館書店、二二二‐二四五頁。
菅原和孝　二〇一〇『ことばと身体―「言語の手前」の人類学』講談社。
菅原和孝　二〇一三「身体化の人類学へ向けて」菅原和孝［編］『身体化の人類学―認知・記憶・言語・他者』世界思想社、一‐四〇頁。
菅原和孝［編］　二〇一三『身体化の人類学―認知・記憶・言語・他者』世界思想社。

竹内敏晴　二〇〇七『声が生まれる―聞く力・話す力』中央公論社。
中島義道　二〇一四『生き生きした過去―大森荘蔵の時間論、その批判的解読』河出書房新社。
ブルデュ・P（今村仁司・港　道隆［共訳］）一九八八『実践感覚1』みすず書房。
ブランケンブルグ・W（山岸　洋・野間俊一・和田　信［共訳］）二〇〇三a「緒言―学際的コンセプトとしてのパースペクティヴ性」W・ブランケンブルグ［編］『妄想とパースペクティヴ性―認識の監獄』学樹書院、一－五頁。
ブランケンブルグ・W（山岸　洋・野間俊一・和田信共訳）二〇〇三b「パースペクティヴ性と妄想」W・ブランケンブルグ［編］『妄想とパースペクティヴ性―認識の監獄』学樹書院、六－四四頁。
Goffman, E. 1959 *The Presentation of Self in Everyday Life.* Anchor Books.
Mu, Y. 1998 Erotic Musical Activity in Multiethnic China. *Ethnomusicology.* **42**(2): 199–264.
Ihde, D. 2007 *Listening and Voice: Phenomenologies of Sound* (Second Edition). State University of New York Press.
Viveiros de Castro, E. B. 1998 Cosmological deixis and Amerindian Perspectivism. *The Journal of the Royal Anthropological Institute.* **4**(3): 469-488.

【コラム1】交響するコミュニケーションの思想
——菅原人類学の〈わかりづらさ〉とその可能性

中谷和人

「コミュニケーション」という名の亡霊が徘徊している。いたるところでコミュニケーション能力の向上が叫ばれ、あちこちでその断絶と齟齬が問題になっている。わが文化人類学もまた、「異文化コミュニケーション」の分野で、そうした問題解決のための専門知識を提供するよう求められている。しかし、そもそもそこでいわれている「コミュニケーション」とはいったい何を指しているのか。

それは一言でいえば、「意見」によって成り立つ活動である。いわゆる「コミュニケーション能力」とは、自らの意見によって他者たちの意見に働きかけ、そこに一つの「コンセンサス（合意）」を生みだす能力をいう。「意見（opinion）」とはもともと哲学用語の「ドクサ」に由来し、一般に信じられた通念や常識、個人の臆見を意味する。

私たちは今日、学校、職場、家庭や街頭で、あれこれの事柄に対して「自分の意見」を述べるよう求められる。同時にそれは、他の人たちに対して「あなたの意見」を聞かせるよう求めることでもある。「意見」とはワイドショーの司会者がコメンテータに求めるもののことであり、その根底にはいつでも、「自己（われわれ）」と「他者（かれら）」のあいだの截然とした二項対立図式が働いている。いいかえれば「コミュニケーション」とは、人間をつなぐものであるより先に、まずそれをくっきりとした同一性をもつ「個人」へと分割するものなのである。

さて、ここに自他ともに認めるコミュニケーションの専門家がいる。じっさい、菅原和孝その人ほど、この主題を思想的、経験主義的に深く掘り下げてきた人類学者もいない。しかしながら、いやそうだからこそ、彼が追究してきたものほど右で述べた「コミュニケーション」の姿からかけ離れたものもない。その意味では、菅原のこれまでのコミュニケーション研究全体が、一貫して「コミュニケーション」ではないものへの志向によって導かれてきたともいえる。

なかでも、二〇〇二年に出版された『感情の猿=人』は、そうした彼の姿勢がもっとも直截に表れた著作である［菅原 二〇〇二］。そこでは、感情という切り口から、サルとヒトそれぞれにおけるコミュニケーションの特徴とその連続性の解明がめざされる。問題は、〈感情〉をどう捉えるかである。菅原が達した結論は、一見驚くほどシンプルなものだ。いわく、「感情とは、表情をおびた身ぶりとして相手のまえに開示される、もっとも根源的な動機づけである」［菅原 二〇〇二：三四〇］。

感情を、個人の内に秘められた心理的な実体としてみる見方は依然根強い。「感情を吐き出す」という表現にあるように、それはあたかも「心」と呼ばれる箱の中にしまい込まれた「モノ」であるかのようだ。菅原によれば、こうした感情についての考え方は、従来の生理学的、心理学的な感情研究の大前提となってきたし、それは感情を言説や表象によって作りだされた文化的な構築物としてみる立場においても本質的には変わらない。じっさい、この二つの立場は、一見対立するようにみえながらそのじつ視点を反転させただけで、両者は互いを盲点＝暗黙の前提として成り立つ表裏一体の関係をなしている。文化と自然、心と身体、能動と受動、自己と他者、これらのあいだで性急な二者択一を迫る従来の支配的な思考様式をしりぞけ、菅原はむしろ、それら両項が「私たちの経験の直接性において〔…〕癒合しあっているその奥深さ」［菅原 二〇〇二：六］のなかにこそ、徹底して踏みとどまろうとする。

ところが、じっさいに『感情の猿＝人』を読んでみると分かるのだが、これがじつにやっかいな読み物でもある。とにかく「分かりづらい」のだ。けっして「難解」という意味ではない。むしろそこには、何かが〈分かる〉そのぎりぎり手前のところで、それをつねにためらっているかのような微妙な思考の「ぶれ」がある。そしてこの「ぶれ」が、ある物質的な存在感をともなって、読み手であるこちらの身体をゆさぶってくる。

結論からいえば、こうした『感情の猿＝人』の効果は、同書で菅原が自らの思考を紡いでいくその独特な記述のスタイル、つまりは〈文体〉に由来するものである。菅原はその思考を、彼が敬愛してやまないフランスの哲学者モーリス・メルロ＝ポンティにならって「道ひらきの思考」とよぶ［菅原 二〇〇二：二二］。重要なのは、この「道ひらき」を行なう文体が、まさに先ほど述べた本書のテーマや内容そのものと不可分に結びあうものである点だ。

私たちはふつう、ある書物の文体とそこで思考されている内容とを単純に切り分け、後者は前者とは無関係にあらかじめ著者の頭の中に存在する「モノ」と考えがちである。文体とは、あくまでそれを外側から（紙やパソコンの画面上へと）写し取る一つのやり方にすぎないのだと。しかしながら、菅原やメルロ＝ポンティのいう「道ひらき」においては、こうした文体と思考の外的な関係は根底から覆される。メルロ＝ポンティ研究者の加國尚志が述べるように、そこで思考の「奥行き」とは、逆説的にも、文体という「表面」にこそ宿っている。いいかえると、文体の背後に思考の不変な本質を探るのではなく、まさにその文体そのものが「見えるように」している〈思考〉こそ、そこでは本質的に重要となるのである［cf. 加國 二〇〇八：三八〇］。

こうして考えると、『感情の猿＝人』という書物がなぜあれほど「分かりづらい」のかという、その必然性も分かってくる。文体とは、文字通りの意味で思考の身体である。それはつねに思考を内から支え、息づかせ、思考されるべき当の対象と内側から結びあっている。要するに同書における菅原の〈文体〉とは、それじたい、何がしかの〈感情〉として読者のまえに開示された著者の「表情をおびた身ぶり」にほかならない。だからこそそれは、私たち読み手の「意見」に対して働きかけるのではなく、「ぶれ」ないしは「響き」としてその身体にゆさぶりをかけ、そこにある種の「反響」を引き起こすのだ。

菅原は、「反響と反復」と題された一九九八年に発表された論文で、「自閉症者」である彼の長男「ゆっくん」との長きに渡るかかわりあいの歴史を精彩に記述している［菅原 一九九八］。「私はいつしか、自分とゆっくんとのかかわりをも包摂するようなコミュニケーションに関する考え方を組み立てたいと願うようになった」［菅原 一九九八：一一四］。そこには、身近にいる者以外には「ほとんど謎の呪文」としか思えない幾つかの断片的なことばの「呼びかわし」こそが、彼らのあいだの「ひそやかな〈つながり〉」をかたちづくってきた事実がユーモアたっぷりに描かれている［菅原 一九九八：一〇七］。

> いま私が自宅の2階でワープロを叩いている最中にも、何度か階下から彼の「カバトラ！」あるいは「空港！」という叫び声が聞こえ、私はそのたびに「カバトラ！」「空港！」と叫び返した。［菅原 一九九八：一〇六］

「感情とは、表情をおびた身ぶりとして相手のまえに開示される、もっとも根源的な動機づけである」。ここに描かれた「パパ」と「ゆっくん」とのあいだの「反響的やりとり」［菅原 一九九八：一〇一］には、まさに「動機（モチーフ）」となる特定のことばを媒介にしながら、他者の表現が私の表情を内から織りなし、同時に私の表現によって他者の表情が内から織りなされているという、〈表情=表現〉における自他の根源的でかつ距離をもった絡みあいの関係がよく捉えられている。人間がつねにすでに表情ある世界とともに存在する生きた身体であるかぎり、その〈感情〉も〈思考〉も、個人の内部に「自閉」した「モノ」とはけっしてなりえないのである。「わたしはただゆっくんの『表情をおびた身ぶり』を手がかりにして、彼と関わり続けてきただけなのだ」［菅原 二〇〇二：三三二］。

フランスの哲学者ジル・ドゥルーズはかつて、「意見」とそれに基づく「コミュニケーション」が哲学にもたらす弊害を徹底して糾弾した。彼が一九八八年のインタビューで述べたように、今日の社会でもし私たちが何がしかの「生きづらさ」を感じているとすれば、それはけっして「コミュニケーション能力」が足りないからでも、その断絶や齟齬があるからでもなく、反対に、大して言うべきこともないのに「意見」を述べ、互いに同一性をもった「個人」としてコミュニケートするよう強制する力がたくさんあるからである［cf. ドゥルーズ 二〇〇七：二七七］。

菅原人類学が追究するもの、いわば「コミュニケーション」の手前で〈交響するコミュニケーション〉という思想は、この「生きづらい」時代に何を投げかけるだろうか。その〈分かりづらさ〉は、もしかすると、来たるべき私たちの「生きやすさ」とひそかに結びついているのかもしれない。

【参照文献】

加國尚志 二〇〇八「メルロ=ポンティ」『哲学の歴史⑫』中央公論新社、三七五－四五七頁。
菅原和孝 一九九八「反響と反復―長い時間のなかのコミュニケーション」秦野悦子・やまだようこ［編］『コミュニケーションという謎』ミネルヴァ書房、九九－一二五頁。
菅原和孝 二〇〇二『感情の猿=人』弘文堂。
ドゥルーズ・G（宮林 寛［訳］）二〇〇七『記号と事件 一九七二－一九九〇年の対話』河出書房新社。

第3章　創発されるコミュニケーション

――手話サークルにおける対面コミュニケーションの分析から

佐野文哉　*SANO Fumiya*

1　はじめに

本章では日本の手話サークルに通う手話を用いる聴覚障害者（ろう者）と健聴者との対面コミュニケーションの分析を通して、「復元」としてのコミュニケーションとは異なる「創発」されるコミュニケーションのあり方を提示する。

これまでにコードに基づくモデルから推論に基づくモデルまで、さまざまなコミュニケーションモデルが提出されてきた。しかしそれらは思考や意図の「復元」を志向したモデルであり、必ずしも現実の偶発性に満ちたコミュニケーションのすべてを描きだせるものではなかった。本章の目的はそうした「復元」を志向するコミュニケーションモデルの克服である。次節ではまず「コミュニケーション」がこれまでどうとらえられてきたのかについて概観する。

本章では筆者が二〇一一年四月から翌年一一月にかけて関西地方A県B市で活動する手話サークルNで行なった参与観察で収集した事例を分析する。後述するように日本ではひとくちに「手話」といってもその内実は複雑で、実際にはさまざまな形態の「手話」が用いられている。またそれを用いるろう者や健聴者も多種多様な身体的・社会的背景をもつ。筆者が調査を行なった手話サークルはそうした日本の手話をめぐる複雑な状況を反映した場であった。本章ではそれをふまえて、形態によらず、その場の参与者によって「手話」として扱われている視覚的コミュニケーション手段を用いる聴覚障害者を「ろう者」と表記した。

2 コミュニケーションとはなにか

◉推論を基礎とするコミュニケーション　かつて支配的であったコミュニケーションの定義は「共有コードにもとづいた情報の伝達」というものであった〔菅原 二〇一〇：一四〕。本章ではこれをコードモデルと呼ぶ。コードモデルでは記号化にかんする規則であるコードをもとに、送り手の側で思考が信号へと変換され、その信号が受け手の側で同じコードに基づいて解読されることで思考が復元されると仮定される。共有コードはコミュニケーションの成立にとって不可欠なものであるとされ、たとえば言語はコードの一つであるとされる。

しかしコミュニケーションはコードだけで成立しているのではない。人類学者のスペルベルと言語学者のウィルソンが述べるように、共有コードが存在しない状況でもわれわれはコミュニケーションを交わしている〔スペルベル、ウィルソン 一九九九：三〇〕。スペルベルとウィルソンはコードモデルにかわるコミュニケーションモデルとして関連性理論を提唱した。関連性理論で重視されるのはコードではなく送り手の意図と受け手の推論である。まず送り手は、受け手の注意をひくようなふるまい（意図明示）を通してつぎの二つの意図を明示しようとする。一つは自分がもつある想定を相手に対して知らせようとする意図（情報意図）であり、もう一つは情報意図をもつことを自分と相手の双方にとっておおっぴらにしようとする意図（伝達意図）である〔スペルベル、ウィルソン 一九九九：五五－七六〕。他方、受け手は送り手の意図明示をきっかけに推論を展開し相手の情報意図を探りあてようとする。推論には言語をはじめとするコードのほかに、その場の環境にかんする情報や、やりとりに関連する背景知識などが関与する〔スペルベル、ウィルソン 一九九九：一六〇－一七二〕。

このように関連性理論ではコミュニケーションは送り手の意図明示をきっかけとした受け手の推論という試習的方法（heuristics）〔スペルベル、ウィルソン 一九九九：五三〕で成り立つと仮定される。コードも関与するが、それはあくまで推論における資源の一つであり、その働きは推論過程に従属している〔スペルベル、ウィルソン 一九九九：二一三〕。

これはコードモデルと比較して、より現実の状況に即したコミュニケーションモデルであるといえる。しかしいくつかの問題点があげられる。

◉コミュニケーション＝「復元」？　問題点の一つ目は理論そのものの包括性に反した実質的な言語偏重である。スペルベルとウィルソンは、言語伝達はコミュニケーションにおける「極端な事例」であると述べる一方で［スペルベル、ウィルソン 一九九九：六六］、「関連性理論は、発話がいかに理解されるかということに関する理論である」とも述べており［スペルベル、ウィルソン 一九九九：日本語版（初版）への序xi］、実質的には言語によってとらえきれない経験の領域を周辺に追いやってしまった［菅原 二〇一〇：二八］。しかし人間の身体を基盤とした対面相互行為において言語と非言語は分かちがたく絡みあっており［菅原 一九九三：五三］、そのどちらかだけを特権的に扱うことはできない。とくに本章で考察の対象とする手話は、音声言語と比べて、言語的要素と非言語的要素が混淆した構造をもつ［坊農他 二〇一一：一二七］。また後述するように日本では「手話」というキーワードのもとにさまざまな言語的背景をもつ人びとが集まりコミュニケーションを図っており、そうした状況を考えた場合、言語偏重的な分析はより一層適さないといえる。

もう一つの問題点は、批判対象であったはずのコードモデルと共有する「コミュニケーションとは「復元」である」という前提である。社会学者の串田は、コードモデルと関連性理論はともに「「復元」がいかにして可能か」を主題にしていると述べる［串田 一九九七：二五二–二五三］。コードにもとづいた思考の完全な復元か、推論による意図の試習的な探りあてかといった違いはあるが、そこではともに「復元」が志向されている。しかしスペルベルとウィルソンも認めるように意図明示的ふるまいをする行為者の意図そのものが漠然としていることがあり［スペルベル、ウィルソン 一九九九：六六］、その場合なにをもって意図の復元が達成されたといえるのか定かではない。また人類学者の北村が述べるように、受け手は送り手の何気ないふるまいから送り手の意図とは無関係になにかを読みとってしまうことがある［北村 一九八八：四二］。以上を踏まえると、「復元」を志向したコミュニケーションモデルは必ずしも成立しないように思われる。

関連性理論がいうようにコミュニケーションが推論を基礎に成り立っていると仮定して、そのうえで「復元」を志向するコミュニケーションモデルに疑問を提起するとしたら、どのようなコミュニケーションのあり方が提示できるのだろうか。本章では手話サークルにおける対面コミュニケーションの分析を通してこの問題について考えてみたい。

つぎに日本のろう者や手話にかんする先行研究を概観する。

3　ろう者や手話にかんする先行研究

◉手話に対する認識の転換とろう者への関心の高まり

手話（sign language）は音声言語とは異なる独自の語彙・文法体系をもつ独立した言語である。地域ごとに異なる手話が用いられており、世界には一一九もの手話が存在するといわれている［亀井二〇〇六：一九］。

しかし手話が独立した言語であることが声高に主張されるようになったのはここ数十年のことであり、それまでは文法をもたない音声言語の「不完全な代替品」とみなされてきた［木村・市田一九九五：三五四］。そうした状況は言語学者ストーキーがアメリカ手話独自の言語構造を解明したことをきっかけに徐々に変化していった［Stokoe 1960］。それはやがて手話を用いる当事者にも影響を及ぼし、アメリカでは公民権運動の盛りあがりを背景に「ろう者（Deaf）は言語的マイノリティである」と主張するろう文化（Deaf culture）運動へと結実していった［サックス一九九六：二三五－二四六］。

こうした海外の動向は日本にも波及し、一九九五年には日本手話を母語とするろう者の木村と言語学者の市田によって「ろう文化宣言」と題された論文が発表された［木村・市田一九九五］。木村と市田はこの論文の冒頭で「ろう者」を「日本手話という、日本語とは異なる言語を話す、言語的少数者」と定義し、聴覚障害という身体的特徴から日本手話という独自の言語へとろう者に対する認識の強調点の転換を図った［木村・市田一九九五：三五四］。これはもともと日本の手話話者のあいだで用いられていた〈ろう〉という独自のカテゴリーを公にすると同時に、アメリカのDeaf cultureの言説や運動に親和的なものとして再定義する試みであったといえる。

さらに木村と市田は、日本では日本手話と呼ばれる独自の語彙・文法体系をもつ手話のほかに、音声日本語の語順にそって手話単語を表出するもの（日本語対応手話）[1]が用いられており、手話学習者のあいだでは後者のほうが「手話」として認知されていると述べたうえで、ろう者が用いる日本手話とは異なり、多くの健聴者や難聴者・中途失聴者が用いる日本語対応手話は独立した文法をもたない「不完全なコミュニケーション手段」であり、本来は手話ではないと主張した［木村・市田一九九五：三五九－三六二］。

「ろう文化宣言」は木村と市田の予想を超える大きな反響を呼び［木村・市田二〇〇〇：三九六］、翌年には『現代思想』で「ろう文化」の臨時特集号が組まれた。そこでは「ろう文化宣言」の主張に対する賛否両論さまざまな意見が紹介され、日本のろう者や手話をとりまく複雑な状況が公になった。

◉日本の「ろう者」や「手話」をとりまく複雑な状況

「ろう文化宣言」に異議を申したてる人びとが注目するのは木村と市田の提示した「ろう者」と「手話」の定義である。たとえば長谷川は、言語やその習得時期によって「ろう者」を定義することに異議を申したて、聴覚障害者には失聴年齢やその程度、教育歴などに応じてさまざまな人がおり、なかには日本手話が第一言語でない者もいるが、そうした者のなかにも「ろう者」としてのアイデンティティをもつ者はいると主張した。さらに日本では聴覚障害者の用いるさまざまな手指による表現を手話と認めてきた歴史があると指摘し、日本手話だけを手話と呼ぶことに対しても反論した［長谷川 一九九六］。

　また日本手話も決して均質なものではない。日本では二〇世紀に入るまでろう者は地域で孤立した状況におかれており、さらに聴覚障害児が聾学校に集められるようになった後も聾学校では口話教育[2]が主流であったため、いわゆる標準手話が確立せず［McClue 2013：207-214］、地域や個人ごとにさまざまな語彙のバリエーションが存在する［Nakamura 2006：26］。さらにいえば日本手話と日本語対応手話は必ずしも明確に二分されるものではなく、手話学習歴の違いなどに応じて、その中間ともいえる体系の手話を用いる者もいる［木村 二〇一一：二四］。

　このように日本では「ろう者」や「手話」といったキーワードのもとにさまざまな身体的・社会的・言語的背景をもつ人びとが集まる。そのためその交流の場は非常に複雑なコミュニケーション状況にあるといえる。そして本章で考察の対象とする手話サークルはまさにこうした日本の「ろう者」や「手話」をめぐる複雑なコミュニケーション状況を反映した場であった。つぎに筆者が調査を行なった手話サークルについて説明する。

［1］「ろう文化宣言」では「音声言語と同時に表出される」という点が強調され「シムコム（sim-com: simultaneous communication の略）」と呼ばれている。しかし本章では日本手話と対置されて用いられることが多い「日本語対応手話」という呼称を採用した。ちなみに木村は、日本語対応手話は日本語の文法に依存したコミュニケーション手段であり、手話ではなく日本語の一種であると主張し、「手指日本語」という呼称を提案している［木村 二〇一一：四、一二］。

［2］聴覚障害児を手話ではなく口を用いたコミュニケーション手段（口話）で教育しようという教育方針。口の形から発話を読みとる読話と、舌口の調整により音声を発する発声からなる。

4 調査対象の概要

手話サークルとは手話使用者ないし学習者が自主的に設立・運営する非営利の活動集団である。こうした集団は海外には存在せず日本独自のものであるといわれている。現在、手話サークルを名乗る集団は日本の各地に存在し、その形態や活動内容はさまざまであるが、最低限共通する特徴としては、①手話の学習機能をもつこと、②手話によるコミュニケーションが可能な場であることの二点があげられる［佐野 二〇〇九：六二］。

日本ではじめて手話サークルが設立されたのは一九六〇年代初頭である。それまで手話ができる健聴者は聾学校の一部の教師やろう者の家族などに限られていたが、一九六〇年代以降は各地で手話サークルが設立されるようになり手話を学ぶ健聴者が徐々に増えていった［佐野 二〇〇九：六二］。

筆者が調査を行なった手話サークルNはこうした手話サークルの歴史のなかでも比較的初期から活動している団体である[3]。会員数は約二〇人で健聴者の女性が大半である。年齢層は二〇代から六〇代までとさまざまで、職業も医療関係者や公務員、主婦など多種多様である。手話学習歴も数週間から数十年までと幅広い。またサークル会員のほかに手話の指導者として地元の聴覚障害者団体に所属するろう者も例会に参加している。彼らも年齢層や職業は多種多様である。聴覚障害の程度や失聴年齢も千差万別で、学校経験も聾学校出身者から普通学校出身者までとさまざまである。手話を習得しはじめた年齢や地域、年代もさまざまに異なるため、彼らが使用する手話の形態やその習得程度は一様でない。

例会は毎週一回、一九時から二一時までの二時間、B市役所の会議室を借りて開催される。毎回、サークル会員とろう者がそれぞれ五人から一〇人程度集まる。例会の内容は毎週異なるが、実際にろう者とやりとりを交わしながら手話を学ぶ形式の学習が好まれる。例会後には会場近くの飲食店で食事会が開かれる。

またこうした毎週の定期的な活動のほかに地元の聴覚障害者団体の行なう行事や活動にも手話サークルNは積極的に関わっており、地元のろう者と密接な関係を築いている。

以上が調査対象の概要である。次節からは手話サークルNでどのようなやりとりが交わされているのかについて事例をあげてみていく。

5 資源の調整による「復元」の達成

◉「関わり」の重要性

本章の目的からすると逆説

的であるが、手話の習得を目的の一つとする手話サークルNの例会では「正確な伝達」、いいかえれば「復元」としてのコミュニケーションが志向される。そしてさまざまな背景をもつ人びとが集まる手話サークルNでは「復元」を達成するためにさまざまな工夫がこらされており、それは「復元」がどのような条件下で可能になるコミュニケーションなのかを示す好例である。そこでまずは手話サークルNの例会でいかに「復元」が達成されているかについてみていきたい。

事例の分析に入る前に手話サークルNに通う人びとによって頻繁に語られる一つの言説を紹介したい。先述のとおり手話サークルNに通うろう者が用いる手話の形態やその習得程度は一様ではない。またさまざまな語彙のバリエーションが存在し、なかには数人のあいだでしか使われていない手話表現もある。手話サークルNではこうしたそれぞれのろう者が用いる多種多様な手話を理解するためには「その人の背景を知ること」が重要であると語られる。たとえばサークル会員のWN［f20］は個別に行なったインタビューでつぎのように語った。なお以下の引用ではWNの表現にしたがって「ろう者」という表記を用いた。[4]

〔ろうあ者の〕Mo［m50］さんとかSo［m70］さんとかも言ってたけど、ただ技術的に手話ができるっていうだけやったら、通じない、場合もある。〔中略〕自分のことを知っている人やから、たとえば、Moさんが講演するとして、それを通訳するにしても、その人の背景を知っているから、言葉の付けたしとか、できるというか、通訳できる。〔中略〕いろんな表現使うじゃないですか？　ろうあ者的な。ちょっとした、手話じゃない手話みたいな。あれをどう訳すかって大事じゃないですか？　関わりがなかった

［3］二〇一一年の調査開始時点で設立三〇年を超えていた。なお本章で提示する手話サークルNにかんする情報はすべて調査期間中（二〇一一年四月〜二〇一二年一一月）のものである。また個人および団体の匿名性確保のため、調査結果に影響しない範囲で一部の情報を意図的にぼかしたり改変したりしている。

［4］以下、健聴者は大文字のアルファベット二文字で、聴覚障害者は大文字と小文字のアルファベットの連結で示す。初出の場合のみ略号のうしろに［性別年齢］を記す（例：WN［f20］＝健聴者の女性二〇代）。

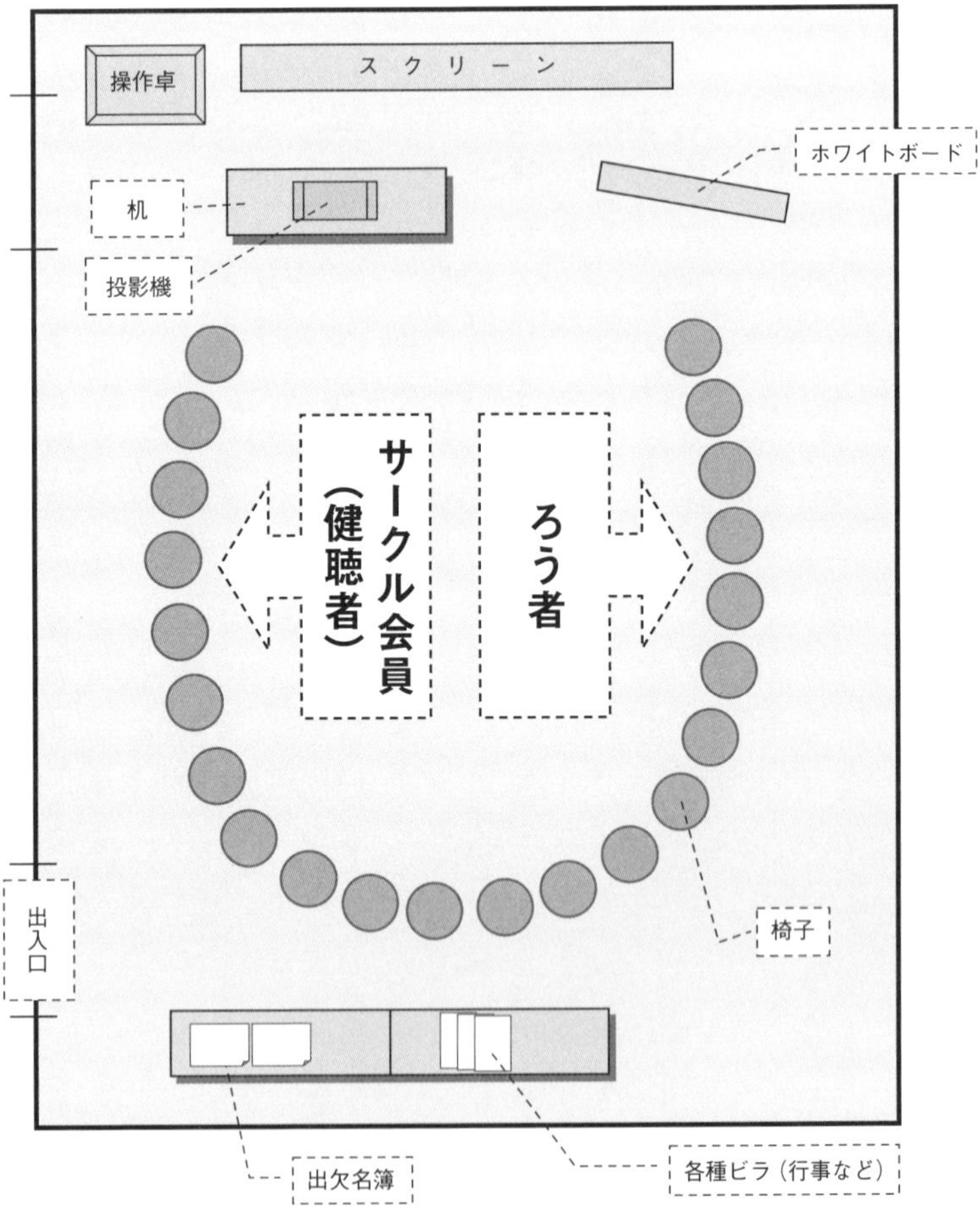

図３・１　手話サークルＮの例会の会場図

ら、訳せないし[5]（二〇一二年一一月一二日）。

こうした言説は手話サークルＮの学習の形態と親和性をもっている。先述のとおり手話サークルＮでは実際のやりとりを通した手話学習が好まれる。そのため例会では各々の体験や意見が語られることが多く、手話を学ぶ過程でそれぞれの人物についても知ることになる。関連性理論に照らしあわせるなら、そうして獲得された背景知識は発話内容の予見可能性を高めると同時に、「百科事典的記載事項」〔スペルベル、ウィルソン　一九九九：一〇二〕として推論上の資源の一つとなっていると考えられる。

ただし手話サークルＮの人びとがこうした発言をするときには信頼関係を築くことの重要性も同時に強調されているという点には注意しなければならない。したがってそれは相手について一方的に知ることを意味しているのではなく、お互いに「知りあい」になること、ＷＮの表現を借りれば「関わり」の重要性を述べているといえる。

それではつぎに例会における対面コミュニケーションの事例をとりあげて、いかに「復元」が達成されているのかについて分析する。なお調査データと紙幅の関係から相互行為の微細な分析には立ちいらず、やりとりにどのようなチャネルや資源が関与していたのかを大まかに把握することを目指して分析を試みる。

●複数チャネルの使用と配置の工夫

図３・１は例会の会場図である。例会では会場中央で椅子がＵ字形に並べられる。座席は健聴者とろう者で区分されており、スクリーンのある正面にむかって左側に健聴者が、右側にろう者が座る。天井にはプロジェクターが備えつけられており画像や映像がスクリーンに映しだせるようになっている。右前方にはホワイトボードも用意されている。

こうした会場のセッティングは「復元」の達成に大きく関与している。事例をあげる。以下、手話による発言には〈　〉を用いた[6]。

［５］この語りの直後、ＷＮはあるろう者が用いていたという独特な手話表現を例示した。しかしそれは手話サークルＮに通うろう者曰く、数人のあいだでしか用いられていない手話表現であるとのことであり、相談の結果、個人特定の可能性を考慮して本章への掲載を断念した。

［６］手話による発言の翻訳は筆者自身の読みとりに依拠している。ただし原稿に起こした後、手話サークルＮに通う人びとにも誤りがないか確認してもらった。

【事例1：初詣の話】

二〇一二年の年明け後はじめての例会。この日は正月をテーマにフリートークが行なわれた。事例は筆者（私）が正面に立ち初詣についてろう者から質問を受けている場面である。私の隣には司会であったサークル会員のTb [f50][7] が立っていた。

ろう者のMoから「〈初詣に行った?〉」と聞かれる。私は「〈行った。神社じゃなくてお寺に行った〉」と答えて、指文字[8]で私の出身地にある寺の名前を示した。この際、私の手話があまり伝わっていない様子だった別のろう者Yo [f70] から「〈私の後ろにあったホワイトボードを指さしながら〉〈書いて!〉」と寺の名前をホワイトボードに書くように促されたので言われたとおりにする。

私がホワイトボードに書いている最中に、Moが「〈寺は山の上にあるの?〉」と私に質問していたらしく、司会のTbが「Moさんが寺は山の上にあるのか?って」と手話と声を併用して教えてくれる。私は「〈山の頂上じゃないけど、高い場所にある。階段が二〇〇段くらいある。のぼるのが大変。〉」とMoに答えた。

ホワイトボードに寺の名前を書きおわる。何人かはその寺を知っている様子。寺にまつわる単語をホワイトボードに追記し、それを指さしながら寺について手話で説明する。なんとかYoにも伝わったようであった。（二〇一二年一月一〇日）

この事例ではさまざまなチャネルが用いられている。たとえば筆者とYoのあいだでは手話、身ぶり、ホワイトボードの書記情報が併用されており、それにより単一のチャネルでは不可能であった伝達が可能になっている。前方にスクリーンやホワイトボードが用意された会場の配置はこうした複数チャネルの使用を促す構造になっており、この事例に限らず例会ではさまざまなチャネルが使用される。

そうした複数チャネルの使用による発言の解釈は、この場の参与者に与えられた「手話サークルの例会」という文脈とそれに関連する知識（「この日の学習テーマが正月であること」など）によって一定の方向に向けられていたと考えられる。そして会場の配置はそうした文脈の強化および再生産に一役買っている。たとえばろう者と健聴者の座席上の区別は、「聴覚障害」や「手話」といった両者の違いを際立たせると同時に、この場における両者の立場の違い（指導者－学習者）を明確にし、結果として「手話を学習する場」としての手話サークルという文脈を強化しているといえる。

またこの事例では司会のＴｂが、Ｍｏの発言を「見落とした」筆者にＭｏの発言を仲介して伝えているが、このように誰かがなにかを「見落とした」場合や手話の読みとりを「誤った」場合には、それに気がついたほかの参与者がそれを指摘することで「正しい解釈」へと修正が図られる。こうした第三者の関与も会場の配置によって促進されている。たとえばＵ字型に並べられた座席は参加者相互の監視を可能にし、それにより「見落とし」や「間違い」の発見と相互の指摘が可能になっている。

さらにこの事例では筆者の出身地にある寺にかんする情報がホワイトボードに書かれたが、こうした書記情報の理解には筆者にかんする背景知識（「どこの出身か」など）が関与していたと考えられる。

このように手話サークルＮの例会では配置の工夫による文脈の調整や第三者の関与、背景知識の利用などによって発言の解釈がある一定の方向へ向けられ「復元」が達成されている。これは裏を返せば、こうしたさまざまな資源の調整がなければ「復元」を志向するコミュニケーションは成立しないということでもある。

それではつぎに、より偶発的な状況での対面コミュニケーションの事例をとりあげ、そこでなにが起きているのかをみてみたい。それにより「復元」を志向するコミュニケーションとは異なる「創発」されるコミュニケーションのあり方を提示する。

６　創発されるコミュニケーション

手話サークルＮに通う人びとは例会以外の場でも交流を図っている。そうした場ではよりインフォーマルで偶発性に満ちたコミュニケーションが交わされている。事例２は手話サークルＮと地元の聴覚障害者団体が合同で開催したお花見会で収集した。このお花見会にはいつも例会に参加している人びとのほかに、Ｎｍ［m60］とＮｔ［f60］の姿があった。ＮｍとＮｔは夫婦であり、ともに地元の聴覚障害者団体の会員である。以前は手話サークルＮの例会にも参加していたが、数年前にＮｍが脳卒

［７］Ｔｂは片耳が聞こえない中途失聴者である。しかし普段は声でコミュニケーションをとっており、手話サークルＮに通う人びとからは「健聴者」として扱われている。なお彼女は手話学習歴が長く手話通訳士の資格をもっている。

［８］標準音声日本語の四六音に手話表現を一つずつ当てたもの。手話表現がない新語や外来語、固有名詞などを表わす際に用いられる。

中で倒れて以来、二人とも顔をださなくなっていたと筆者は聞いていた。Nmは倒れる前は流ちょうな手話話者だったとのことだが、このときにはあまり流ちょうに手話がでていなかった。

【事例2：お花見会の話】

一四時すぎ。お花見会も中盤にさしかかったときのこと。それまで静かに座っていたNmが突然、車椅子からすべり落ちそうになった。サークル会員のMN［m40］と私がたまたま近くにおり、二人でNmを引きあげる。すると今度は、Nmは身体をのけぞらせて、怒るような悲しいような様子でしきりになにかを叫びはじめた。私にはこの独特の抑揚をもった叫び声がなにを意味しているのかわからずに困惑していると、隣にいたMNは「危ないって言うてはる」と言ってきた。言われてみればたしかにそう聞こえなくもない。しかしその後、Nmの叫び声を聞いて集まってきたNM［f50］、Tb、ID［f60］は「奥さんを呼んではるんやな」と言っていた。〔Nmの妻Ntの名前が「＊＊＊」だということをこの出来事のあとで知った。たしかに「＊＊＊」と聞こえなくもなかった。〕このときNtは近くの公衆トイレに行っており不在だった。叫びつづけるNmに対し、IDとTbは「〈待って。奥さん今トイレ。すごく並んでる〉」と手話で話しかけていた。NMはNtの様子を見に行ったようだった。

異変に気がついた数人のろう者も駆けつけてくる。彼女らはその場にいた健聴者から状況を聞いた後、Nmに手話で話しかけたりサークル会員に指示を出したりしていた。たとえばNo［f70］は「〈腰が痛いって言っている〉」とサークル会員に教え、Hy［f70］は「〈座布団を背中に入れたほうがいい〉」と指示していた。それにしたがって座布団が背中にあてられた。

Ntが戻って来る。Ntの「〈帰る?〉」という問いかけにNmがうなずいたので、夫婦は一足先に帰ることになった。朝に夫婦の送迎を担当したサークル会員のYD［m40］が車をとりに行く。車が来るまでのあいだ、WNはNmの手をさすっていた。Nmは心なしか安心しているように見えた。（二〇一二年四月一五日）

この事例に登場する人びとは「身体をのけぞらせて怒るような悲しいような様子でなにかを叫ぶ」というNmのふるまいに対して各々が推論を働かせてコミュニケーションを図っている。たとえば筆者とともに車椅子からすべり落ちそうなＮｍを引きあげたＭＮは「危ないと言っている」と解釈していた。これは「静かに車椅子に座っていた」Ｎｍが「突然、車椅子からすべり落ちそうになった」という文脈の変化と、その後のＮｍのふるまい（とくに「叫び声」）を総合的に勘案した結果、導きだされた解釈であると考えられる。

他方、その直後にＮｍのもとに駆けつけたほかのサークル会員は、ＭＮと同じく「叫び声」に注目しながらも[9]「奥さんを呼んでいる」と解釈していた。彼女らの解釈には各々がもつＮｍについての背景知識（「妻の名前が「＊＊＊」であること」など）が大きく関与していたと推測される。こうした呼び起される文脈や背景知識の相違、その結果としての解釈の違いはＮｍのもとに駆けつけたタイミングやそれぞれの関心の違いから生じたと考えられる。

さらにその後駆けつけてきたろう者もまた別の解釈をしていた。それはたとえば「腰が痛いと言っている」という解釈である。これにはＮｍのもとに駆けつけたタイミングや関心の違いも影響していたと思われるが、それに加えて、健聴者との身体的差異に起因した認知環境の違いも関係していたと考えられる。聴覚障害をもつろう者の認知環境には「Ｎｍの叫び声（少なくともそのディテール）」は存在しない[10]。そのためろう者は健聴者とは異なり主にＮｍの身体的ふるまいや手話に注目して推論を行なったのだと考えられる。

ただし各々の推論がそれぞれ完全に独立していたわけではない。多人数が関与したこの事例で重要なのは、ある者の解釈やそれにもとづくふるまいが周囲の者にとっては推論上の資源となり、それに続くふるまいを方向づけていたという点である。たとえばその場に遅れて駆けつけたろう者たちの推論は、先に到着していた健聴者のふるまいによっても方向づけられていたと考えられ、さらにその後、Ｎｍの背中に座布団があてられたのは、そうしたろう者たちによる解釈が周囲の者の推論に取りいれられた結果である。

さて、ここで考察したいのは各々の解釈とＮｍの意図との関係である。この事例でＮｍは「身体をのけぞる」

［9］この事例では直接ふれられていないため推測の域をでないが、ＭＮやＮＭら数人の健聴者がＮｍの「叫び声」に注目した背景には、例会に参加していた当時のＮｍの「声の用い方」にかんする背景知識が関与していた可能性がある。

［10］ただし聴覚障害の程度や、音や声とのかかわり方は人によって異なるため、厳密にいえば、必ずしも「音情報が聴覚障害者の認知環境に存在しない」とはいえない。しかしいずれにせよ音の顕在性は健聴者に比べれば弱いといえる。

「怒るような悲しいような顔をする」「しきりになにかを叫ぶ」といったさまざまなふるまいをしており、それに対するさまざまな解釈が提出されているが、果たしてＮｍが伝えたかった「意図」とはなにで、どれが「正しい解釈」だったのだろうか。その場にいた誰もがＮｍに注目したように彼のふるまいは他者の注意を引きつけるものであり、そこになんらかの志向があったのは間違いないように思われる。しかしはたしてＮｍは最初から「妻を呼ぶ」ことや「背中に座布団をあててもらう」ことを意図しており、周囲の者はそれを「復元」していたといえるのだろうか。おそらくそうではないだろう。

この事例における解釈の多様性は、Ｎｍのふるまいに接触したタイミング、ふるまいのどこに注目し、関連する背景知識のどういった点に関心があったか、参与者の身体的条件といったさまざまな条件の違いによって、受け手の推論はさまざまに分岐しうるということを示している。そしてこの事例では、そのうちのどれか一つだけが「正しい解釈」だったわけではなく、むしろそうしたさまざまな解釈にもとづいた多様な働きかけとＮｍ自身のふるまいとが相互に関与しあうことで、つぎに続くふるまいややりとりの方向性を形づくっていたといえる。これは思考や意図の「復元」とは異なるコミュニケーションのあり方であり、いわばコミュニケーションそのものの協同的な「創発」である。

7　おわりに

本章では「復元」を志向するコミュニケーションモデルの克服を目指して分析を行なってきた。今回検討した事例はたしかに極端な事例である。しかし多くの対面コミュニケーションに当てはまるであろう重要な教訓を含んでいる。

第五節で紹介した例会の事例からわかったことはコミュニケーションには多様なチャネルや資源が関与していること、そして「復元」とはそうした資源のさまざまな調整を通して達成されるコミュニケーションの一形態だということである。第六節ではそうした資源の調整のない偶発的な状況でのやりとりの事例をとりあげた。そこでは行為者のふるまいに接触したタイミングや身体的条件といったさまざまな条件の違いに応じて多様な解釈が提出されており、いわば「復元」は失敗していた。しかしだからといって彼らのコミュニケーションが失効していたわけではなく、むしろそこでは参与者相互の協同的な関わりあいを通してやりとりの方向性そのものが創発的に形づくられていた。

それでは本章を通して明らかになった以上のことか

ら、コミュニケーション一般に対してどのような指摘ができるだろうか。それはコミュニケーションとは必ずしも個人の認知に還元されるものではなく関係論的な問題だということである。そこでは「復元」の如何ではなく、その場の環境や参与者がいかに協同してやりとりの場そのものをつくりあげているかが問題となり、コミュニケーションの失効とはそうした協同が破たんした状況としてとらえられるべきものとなる。それを踏まえてコミュニケーションを新たに定義するとすれば、それは、その場にいる参与者にとって心地よくやりとりを交わすことができる「協同の枠組み」を模索し形づくっていく相互行為となる。第六節のお花見会の事例に戻って考えれば、脳卒中の後遺症により意思の明確な伝達が難しく、その読みとりも容易でない状況下で彼らのコミュニケーションが成立していたのは、彼らが「正しい解釈」をしていたからではなく、「手をさすり、安心した表情をする」というやりとりに表われている「関わり」の深さを基盤として、その状況においてもっともふさわしい「協同の枠組み」を彼らが模索しあった結果である。

この結論は北村の主張と大きく重なる。北村はコミュニケーションが送り手の意図といった「ゴール指向性」に還元されてしまうことに異議を申したて、個人の行為ではなく相互作用を単位としてとらえるべきだと主張した。そして言語に限定されない相手の「促し」に、「誤りなく」反応しようとする協同的な関わりあいのあり方を「話が通じる」というメタファーに託して「コミュニケーションとは、「話が通じる」という一貫した方向性……のもとに調整され組織された相互作用」であると述べている［北村 一九八八：四六］。ただし本章の結論と北村の主張とで異なる点があるとすれば、それは必ずしも「誤りなく」反応しあうことが肝要なのではないということである。むしろ本章で提示した創発されるコミュニケーションという見方は、やりとりにおいて必然的に発生する「誤り」、すなわち「ズレ」に対する認識を転換させる。

コミュニケーションを推論を基礎とした試習的方法として描く関連性理論において、送り手の意図と受け手の解釈との「ズレ」は必然的に生じうるものとして理論のなかに組みこまれている。しかし「コミュニケーション＝「復元」」という前提を保持している以上、関連性理論においても「ズレ」は否定的な意味あいしか与えられていなかったといえる。それに対して本章で提示したのは、そうした「ズレ」をも取りいれながら協同的にやりとりそのものを形づくるコミュニケーションのあり方であった。そこにおいて「ズレ」は個々の参与者が意図しなかった方向へとやりとりを導いていく、ある種の「駆動装置」として機能する可能性をもつものとなるのである。

【参照文献】

亀井伸孝　二〇〇六『アフリカのろう者と手話の歴史――A・J・フォスターの「王国」を訪ねて』明石書店。

北村光二　一九八八「コミュニケーションとは何か?」『季刊人類学』一九（一）：四〇‐四九頁。

木村晴美・市田泰弘　一九九五「ろう文化宣言――言語的少数者としてのろう者」『現代思想』二三（三）：三五四‐三六二頁。

木村晴美・市田泰弘　二〇〇〇「ろう文化宣言以後」H・レイン［編］（石村多門［訳］）『聾の経験――18世紀における手話の「発見」』東京電機大学出版局。

木村晴美　二〇一一『日本手話と日本語対応手話（手指日本語）――間にある「深い谷」』生活書院。

串田秀也　一九九七「ユニゾンにおける伝達と交感――会話における「著作権」の記述をめざして」谷　泰［編］『コミュニケーションの自然誌』新曜社、二四九‐二九四頁。

サックス・O（佐野正信［訳］）一九九六『手話の世界へ』晶文社。

佐野美保　二〇〇九「手話サークルによるコミュニケーション支援者育成の現状と課題――大阪府内手話サークルの実態調査を通して」『日本福祉教育・ボランティア学習学会研究紀要』一四：六〇‐七〇頁。

菅原和孝　一九九三『身体の人類学――カラハリ狩猟採集民グウィの日常行動』河出書房新社。

菅原和孝　二〇一〇『ことばと身体――「言語の手前」の人類学』講談社。

スペルベル・D、ウィルソン・D（内田聖二ほか［訳］）一九九九『関連性理論（第2版）――伝達と認知』研究社。

坊農真弓・菊地浩平・大塚和弘　二〇一一「手話会話における表現モダリティの継続性」『社会言語科学』一四（一）：一二六‐一四〇頁。

長谷川洋　一九九六「「ろう文化宣言」、「ろう文化を語る」を読んでの疑問」『現代思想』二四（五）：一〇一‐一〇九頁。

McClue, P. 2013 Setting the standard: An overview of the history and politics of prohibiting and promoting a national Japanese Sign Language. 東京女子大学紀要論集 六三（二）：二〇七‐二三〇頁。

Nakamura, K. 2006 *Deaf in Japan: Signing and the Politics of Identity*. Cornell University Press.

Stokoe, W. 1960 Sign Language Structure: An Outline of the Visual Communication Systems of the American Deaf. *Studies in Linguistics: Occasional Papers* 8. Buffalo: Dept. of Anthropology and Linguistics, University of Buffalo.

【コラム2】見えるようになる
――他者の生に触れる身がまえ

渡辺　文

世界のなかにはどんなまだ見ぬ美しいものがあるのだろう。他者にとっての美しいものを理解するとはいったいどういうことなのか。これが、文化人類学を専攻した私の選んだ問いだった。

◎身ひとつで飛びこんでみる――レッド・ウェーヴとの出会い

南太平洋に浮かぶフィジーという島国でフィールドワークを始めたとき、上述の問いを考えるために捨てなければならないいくつかの想定があった。まず私自身が美しいと感じる対象が「かれら」にとっても美しいだろうという想定。次にそもそも、美という観念自体が通文化的に存在するという想定。これによって私は、問いの中枢を守っていたことばを失ったことになる。そして二〇〇四年の夏、ほぼ身ひとつの状態でその小さな島国へ渡った。

当初は右も左もわからず、歩きまわって町の地形を知ることから始めた。市場、教会、宿屋、学校と、とにかくいろんな場所へ顔を出して情報を収集した。そして偶然の出会いから、アートとよばれる絵を描いている人たち（レッド・ウェーヴ）を見知るようになり、ひと目で「これだ」と焦点を定めた。この頃には「美しいとはなにか」という問いは自然と念頭から消え去り、私の到達目標は、まずは「レッド・ウェーヴ・アートを描けるようになること」へと変わっていた。

レッド・ウェーヴとは、フィジーの首都スヴァにあるオセアニア・センターへ日々集い、そこを拠点に絵を描いている集団とその作品群の呼称だ[1]。センターは一九九七年、トンガ人の思想家エペリ・ハウオファによって南太平洋大学内に設立され、オセアニアらしいアートを創りだすという理念のもと、脱植民地主義運動と連動しながら、多くの良質な作品を世に送りだしてきた。アートという形式自体がオセアニア地域においては新しく、レッド・ウェーヴはフィジーにおけるアーティストの実質的な第一世代だ。

センターの運営資金の半分以上が大学から直接提供されるが正規課程とは異なるとされ、正式な教師も学生も存在しない[2]。人びとは日常生活を共有し、お金のない者はそこで寝泊りをする。センターへ通う以前に美術教育を受けた者はいず、貧困層の出身者が多い。かれらはなんとなくそこへ足を運びはじめ、先輩アーティストの制作を眺め、そこに居座るという全体的な

[1] レッド・ウェーヴ・アートの全貌については拙著［渡辺 二〇一四］を覗いてみていただきたい。
[2] このような在り方は、ハウオファの死後、センターが大学改革のもとで太平洋学部の一部として組みこまれる2009年以前の状況をさしている。

行為のうちからアートなるものを習得し、いつしか描きはじめる。

私もかれらに倣ってなんとなく潜りこみ、居座り、描きはじめた。一般的にいって、人類学が調査対象としてきたのはいわゆる村落社会であり、人類学者たちは村落に住みこむことで豊かなフィールドワークを成し遂げてきた。しかし、確固たる物理的境界や親族体系というよりは一過性の活動によって規定される集団を対象とする私の調査は、いったい何をもってフィールドワークとなるのだろうという疑問がつきまとった。

菅原和孝は人類学の本領を「身体を通して人間の生のかたちを把握する」［菅原 二〇〇四：六二］ことに求め、フィールドワークとは「みずからの身体を、長い時間をかけて変容させること」［菅原 二〇〇四：i–ii］だと言っている。そうであるならば、かれらがアートと呼ぶところの何ものかを理解するためには、かれらがやっていることを徹頭徹尾一緒にやる必要があると思った。かれらの生きる世界へ自分の身体を投企し、みずからレッド・ウェーヴ・アートを描ける身体へと変容することが、自分が出会った世界におけるフィールドワークのやり方ではないかと考えたのだった。そして、私はセンターで寝泊りをしたり、アーティストたちの家を転々と渡り歩いて寝食を共にしたり、可能なかぎりかれらの生の全貌に迫るよう試みた。

◎描けるようになる、見えるようになる

かれらと出会って一〇年以上が経ったいま、結論からいえば、私はある程度レッド・ウェーヴ・アートを描けるようになった。最も重要な発見のひとつは、私が「レッド・ウェーヴ・アートを描けるようになる」とは、たんに線の描き方や配色、モチーフの意味を機械的に学ぶことではなく、生活をふくめたアーティストたちの世界へと入りこむことではじめて可能になったという点である。そして、あるときを境に自分の見えるものが変わってきたと気づいたのだが、それは「オマエもだいぶ描けるようになってきた」と言われはじめた時期とほぼ重なっていたのだった。

アーティストたちと共に生活をするにあたって悩ましかったことのひとつは、かれらの輪にあって、何かを自分の所有物として占有することが許されないという環境だった。実際かれらがめざすのは「集合芸術」とよばれ、そこでは突出した個性の表出としてよりは、レッド・ウェーヴという集合の産物としての作品づくりがめざされた。画材はもちろん、ある者が描いている作品に他の者が手を入れるといったかたちで、ときに作品すらも共有される。日常生活においてもこのような原則がかれらの行動を貫き、食物、金銭、衣服、日常雑貨などが、誰のモノということもなく使われる。フィジーの生活世界のエッセンスとも言えそうな、このような共有を原則とした生活は当初の私にとって容易ではなく、煎り豆の袋をまるまる一人で食べるという夢を何度みたかしれない。制作過程に介入されるというストレスも深刻で、「そろそろこの絵も完成するぞ」と高鳴る胸を抑えて翌日を迎えると、その自分の絵に他のアーティストが淡々と手を加えているといったことが何度もあった。しかし、このような全体的な学びの過程をとおしてこそ、私の眼は次第にそれまで見なかったものを見るようになったのだった。

たとえばこの変容にたいして、より多くの知識を得ることで解釈の奥行きが広がったという説明を与えることも可能かもしれない。しかし、実際の経験はそのような解釈の次元にとどまらなかった。私の身に起きたのは、たとえば身の回りのあらゆるものの輪郭線が溶解して見えたり、シダの葉の動きがスローモーションで見えたり、自分が描いている絵の左上部にメイソン（レッド・ウェーヴ・アーティスト）が描く線が見えたりするという、気味が悪いほどの視覚経験だったのだ。

「画家の目は、純粋な精神によって世界を観察し認識する目ではなく、かれの手技にみちびかれて世界を油絵として、あるいは水墨画として見、そのように世界をあれこれの絵に変える目である」［西村　一九九五：二九］というのは、おそらく制作活動にたずさわる者にとっては深く頷きたくなる指摘であり、私の身体に起こったのもこのような出来事だったと思う。描くという身体を動員した手技は私の視覚に独特の癖を与え、その癖が身についてくると、もはや以前のように世界を見ることなどできなくなるのだ。

また、自分一人で向かっているカンヴァスの上にメイソンの筆致をいわば幻視するというのは、上に述べた共有や集合芸術という在り方を反映していると思われる。ここにおいて私がレッド・ウェーヴを描くという行為は、他者の身体を必要としはじめる。それはかならずしも物理的に現前しないのだが、望むと望まざるとにかかわらずかれの描く線は本当にカンヴァスの上に見えてきて、私の腕も首筋も背中も、まるでメイソンのそれのようにふるまいながら、メイソンの線を描く。レッド・ウェーヴを描くためには、レッド・ウェーヴ・アーティストになる必要があるのだ。

◎他者の生に触れる

私が抱えていた問い「他者にとっての美しいものを

理解する」というのは、おそらくこのような意味でみずからの身体を変容させ、他者の視覚を獲得するという経験と連続しているのではないかと思う。かれらが執拗なまでに繰りかえす「描く」という行為に、私自身もとりつかれ、たしかに私はそこで他者の身体に触れた。その他者はいまなお私の身体を動かし、一定の仕方で世界を見せる。もちろん、ここから「美」を考察するにはまだ長い道のりを要するし、それが果たして意味のある道なのかもわからない。しかしながら、私はこのようなフィールドの経験をとおして、何かえもいわれぬ豊かな世界をたしかに見た気がするのだ。

【参照文献】

菅原和孝　二〇〇四『ブッシュマンとして生きる―原野で考えることばと身体』中央公論新社。

西村清和　一九九五『現代アートの哲学』産業図書。

渡辺　文　二〇一四『オセアニア芸術―レッド・ウェーヴの個と集合』京都大学学術出版会、五頁。

《幻のカヌー伝説 The Legend of the Phantom Canoe》
（メイソン・ジェイムス・リー, 2006）

第4章　縛りからシバリへ

——もうひとつのクールジャパン

田中雅一　*TANAKA Masakazu*

1　はじめに

生権力がときに露骨にときに隠微に作用する現代社会において、身体（肉体というべきか）はますます重要な役割を果たしつつある。だが、私たちの身体感覚は希薄になり、「生理」から分離しつつあるのも事実である。メディアを支配するのは健康的な身体である。この身体表象がどのくらいの数の否定的な身体の排除の上に成立しているのだろうか。どのくらいの身体を隠蔽しているのだろうか。このキラキラの身体表象からは、世界とのインターフェイスとしての身体の重みや震えが感じられない。メディアがカバー（報道＝隠蔽）する身体を拒否＝暴露し、身体と世界との多様な関わりを明らかにすることこそ、文化人類学の目的のひとつであるはずだ。しかし、それは文化的な身体の目録を作成することでは決してない。

たとえば、食事は重要な文化実践である。そこにはさまざまな規則や固有の用具の使用が認められる。それらが相まって食事をする文化的身体を構築している。しかし、食事の規則を集めることが、私の想定している文化人類学的な身体研究ではないし、身体の文化人類学が進む道ではない。

テーブルマナーに則って静かにすすむレストランでの食事の風景。微かに聞こえるフォークとナイフの音。歓談が続く中、突然の感情の高まり。そして罵声の応酬が始まる（テレビドラマでよくある場面だ、昔ならちゃぶ台返しの場面だろう）。なにが起こっているのか分からずおびえる子どもたちの眼、シャツの袖が引き裂かれる鈍い音やグラスが床に落ちて砕け散る音。周りの客たちが声を潜める。ついには店長までけんかの輪に加わる。仲裁することなど最初から考えていないようだ。火に油が注がれ、喧噪は閉店まで続く……。

こうした混乱にこそ私たちは注目すべきではないのか。文化的な様相を呈し繰り返される日常的な身体活動や生活世界の表層に、突然亀裂が走り、そこから情動と暴力のマグマが噴出する。それは傍観者であるはずの私たちにも襲いかかる。そのとき、私たちの身体は、一瞬他者の身体と同期する。ここで私たちは、身体が文化的拘束に反旗を翻すと同時に、個々に自律しているはずの身体概念を否定する瞬間を経験することになる。文化人類学的な身体研究は、こうした「他者の身体の感染」を見逃してはならない。情動は身体化され、あなたの身体だけではない、シャツにもグラスにも襲いかかる。シャツやグラスは捨て去ればすむことかもしれない。しかし、あなたの心身には深い傷が残る。

2　異化する身体へ

かつて私は、メアリー・ダグラスの名著『禁忌と汚穢』について、身体喪失の時代に現代世界を異化する存在はなにか、アフリカのレレ人たちが実施するセンザンコウの秘儀に対応するような、文化実践が現代社会にはたして存在するのか、と問うたことがある［田中 二〇〇五］。

センザンコウは、レレ人の動物分類の秩序に収まらない。その体は鱗（うろこ）でおおわれているし、は虫類に似ているが乳で子どもを育てる。また一度に一匹しか子どもを産まない。それは、「場違いな存在」として本来なら忌み嫌われてもおかしくない。そのセンザンコウが男性成人式で用意され、これから成人になろうとするものに食される。これによって、女性の多産が保証され、狩猟も成功する。

ダグラスによれば、センザンコウの秘儀は強力な力を人間社会にもたらす。この力はまた覚醒の力でもある。なぜなら分類体系にあわないために、それを脅かすことになるセンザンコウを注視することで、男たちは社会秩序が人為的なものであると気づく。レレの男性たちはセンザンコウを通じて、この社会の基本原理を知ることになるのである。彼らはこの世に隠されている曖昧な、したがって不気味な存在を回避するのではなく、直視することでこの世界の虚構性に覚醒する。それは社会生活をより深い次元で理解し、実践することへとつながる。

センザンコウは場違いな存在ゆえに、レレ人に深い洞察をもたらす。現代の私たちに必要なのはまさにこの「場違いの身体」とその秘儀ではないのか。若くて健康な身体が称賛され、商品化され、「フェチ」の対象になっている現代社会を批判できるのは、心地のいい、無臭で「カワイイ」身体ではなく、場違いの身体、居所を失ったグロテスクな身体［バフーチン 一九七三］なのである。

私にとって緊縛の身体とは、まさに世界を異化する身体である。いままで見慣れていた身体像が、縛られることで突然見慣れないものとなるからだ。これこそがレレ人たちがセンザンコウの秘儀に際し抱くことになる世界認識ではなかったであろうか。緊縛に代表される身体加工は痛み＝快楽を通じて当事者に「変態」を促す。そしてそれを見る人々にも身体とはなにか、社会とはなにかと自問させるのである。それは奇形の見せ物として商品化するぎりぎりのところで踏みとどまって世界と対時している。この身体は、「自然体」を拒否することで、私たちに身体の可能性を示す。それはグロテスクでもあり、崇高な美でもある。それは痛みを耐え、恥辱の快楽にうち震える身体である。私は以下のように述べている。

> こうして、グロテスクな身体は性の文脈においてあらたな他者関係の始まりとなる。ことを終えた後、身体に痛々しく残る麻縄のあとに、あるいは身体を被う低温蝋燭（ろうそく）の蝋片に、そして鞭打ちの痕跡にセンザンコウの鱗を想起するのはもはや私だけではあるまい。　［田中 二〇〇五：二六八］（傍点は筆者による）

本章は、このようなグロテスクな身体の可能性を念頭におきつつ、まずは現在の緊縛をめぐる実践をマッピングするために、そのグローバリゼーションについての考察を試みたい。私の理解では、緊縛の世界的な広がりは、たんにエキゾティックな性的嗜好が好まれているということを意味するのではない。緊縛ブームは、まさに「身体の喪失」という現代的状況が世界中に拡大していることを意味するのである。

3　緊縛とはなにか？

では、緊縛が海外でどのように受容されまた評価されているのだろうか。ちなみに緊縛や縛りは、そのままキンバクとかシバリとして理解されている。あえて英語に翻訳すると、rope art, Japanese BDSM（bondage, domination/discipline, sadism and masochism）となる。

緊縛とは、文字通り「縄できつく縛ること」を意味する。縄は一般に麻縄かジュート縄が使われる。現代では後者が一般的である。緊縛師たちは、長さを七メートル（外国人には八メートル）に揃えた縄を用意して、モデルの体を縛り、ときに吊りあげる。

表4・1　日本文化の海外普及

時期	内容	性格	媒体	備考
19世紀	浮世絵	二次元、もの	蒐集家	ジャポニスム
19世紀後半（明治）	工芸品	二次元、もの	蒐集家、博覧会	ジャポニスム
20世紀	茶道・華道・禅・書道・柔道・武道	身体 師弟制度	伝道	
1960年代	舞踏　身体の叛乱	身体 師弟制度	伝道	
1980年代	アニメ、マンガ、ファッション	二次元	メディア、SNS	クールジャパン
1990年代	アイドル、J-Pop	二次元、身体	コンサート、メディア、SNS	クールジャパン
2000年代	緊縛／縛り	身体	メディア、SNS、伝道	性文化

歴史的には、囚人を拘束するために江戸時代において発達した捕縄術が、緊縛技術の起源とされる。これは後ろ手に縛り、さらにその縛り方で囚人の身分が分かるというものだった。それが性的な実践として「発見」されるのは、大正時代から活躍する伊藤晴雨（一八八二-一九六二）の作品に依拠するところが大きい。晴雨の絵が、人々の性的想像力をかき立てたという。そして、二一世紀になると、日本で緊縛を学んだドイツ人の長田スティーヴらの活躍によって急速に国外に普及していく［水越二〇〇五：マスター二〇一四］。

一九八〇年代に始まる日本発信のサブカルチャーは一般に「クールジャパン」と呼ばれ、主としてマンガ、アニメ、テレビ（コンピュータ）ゲーム、ストリート・ファッション、キャラクターグッズを指す。さらに一九九〇年代になると、アジア各地ですでに人気を得ていたJ-Popが欧米へと普及する。「カワイイ」(kawaii)が世界的なブームになるのも同じ時期である。

表4・1からも分かるように、歴史的に見ると、一九世紀後半にフランスを中心にジャポニスムが生じた。これは一八五六年に開催されたロンドンでの万国博覧会への日本の工芸品の出店などをきっかけとして生じたとされる。その後蒐集家などを通じて工芸品や浮世絵が紹介される。

つぎに、日本の国民文化ともいえる茶道や華道、書道、禅、柔道、武道などが海外に次々と紹介されていく。これらの普及は、モノやテクスト（教義）などの普及と密接に関係しているが、重要なのはなによりも身体による作法（道）であった。つまり、海外に実際に赴き、身体作法を教える伝道師たちの役割が大きかったのである。

一九六〇年代になると土方巽らによって舞踏が創出され、一部の外国人を魅了する。これも、身体抜きに普及も継承も不可能であるという点で、その後のクールジャパンの品目と異なる。むしろ、料理人による伝道が必要な、最近のすしブームや和食ブームに通じるものがある。

さて、アニメなどの狭義のクールジャパンはかならずしも身体を介せず、ＤＶＤ、ＣＤなどのメディア、ネット配信などで拡散するという特徴を備えている。こうした、狭義のクールジャパンへの関心、すなわち「二次萌」の対象に比べると、緊縛の特徴は明らかである。それはいわゆる「道もの」に通じる身体性や学習における徒弟制の重視が認められることである。しかし、他方で二一世紀のメディア事情を反映し、ＤＶＤやフェイスブックなどのＳＮＳが重要な役割を果たしてきた。たとえば、最近日本を訪問した緊縛モデルのフランス人は、緊縛に触れるきっかけはモデルを頼まれたということもあったが、その後つきあった男性の趣味で本当に緊縛にはまってしまったという。彼と別れるときにはほかになにも要らない、彼の所有していた緊縛ＤＶＤだけ置いていってほしいと懇願した。彼女はまずヨーロッパで緊縛モデルとして名をなし、ヨーロッパで招聘された日本人縛師のモデルを勤め、二〇一四年になってやっと来日を果たした。

これは縛られる側の話だが、当然縛る方も、ＤＶＤなどによる学習だけでなく、具体的な教授が必要となる。緊縛は二一世紀に海外で発見され受容されつつある文化実践だが、身体的な所作を伴うという点でより伝統的な日本文化と共通するという点である。ただし、フェイスブックやインターネットが、海外普及におおきな影響を与えてきたことも否定できない。また、一九七〇年代には緊縛雑誌の『ＳＭファン』や『ＳＭセレクト』を、一九八〇年代には『ＳＭスナイパー』を普通の本屋で手軽に立ち読みできた日本と異なり、海外では日本映画のＤＶＤを通じて緊縛を知った人たちも多かったはずである。

４　方　法

さて、緊縛の世界普及の一端を理解してもらうために、ここでは本研究の方法に触れておきたい。強調しておきたいのは、フェイスブックをかなり活用しているということである。私がフェイスブックに登録したのが、二〇一一年六月、最初の縛り関係の友達申請をしたのが二〇一二年の二月だった。はじめは外国人が多かったが、その後日本人の緊縛師やモデルにも友達申請をし、いまは六三三人のうち一三四人が縛りの関係者である（二〇一四年一二月現在）。緊縛関連のグループがフェイスブックには複数存在する。私が参加しているのは、全部で一三である。

さて、つぎに観察の対象となるイベントについて説明しておく。イベントにもさまざまなものがあるが、典型的と思われるのは、まず緊縛師が主催するもの、つぎに大規模なもので劇場やクラブの催しである。この場合も緊縛師が企画を主導する場合がある。ほかに、プライベート・レッスンがある。

5　パフォーマンス

私は、少人数だが、参加者がオープンな催しに三回参加した。ひとつは大阪のバー、残りの二つは六本木にある古民家での縛りの実演であった。どちらも高名な緊縛師が登場している。六本木の場合六畳の部屋を二つ使っての実演で、三〇人ほど参加するとほぼ満員となる。

図4・1　東京タワーを背景に
（モデル Alex Falco, 緊縛師は Vlada Vedmovskaya）（インターネットより転載）

一時間ほどかけてモデルの女性を縛り、梁に吊るし、ときに鞭や竹で彼女の体を打つ。実演をしているとき、緊縛師が参加者に話しかけることはないし、説明もない。モデルにはときおり耳元で囁いているようだが、第三者が聞き取ることはほとんど不可能である。ほぼ沈黙状態でことが運ぶ。その後休憩を挟み一時間ほど緊縛師による説明、それに対する参加者の質問やコメントがある。参加者も事情に詳しく、和気あいあいとした雰囲気で話が進む。前半の緊縛実技の緊張した雰囲気とは好対照である。

イベントに参加する人は圧倒的に男性が多いが、それでも毎回女性が数人参加している。緊縛師やＳＭクラブ

図４・２「モスクワの結び目」での PhilipAnn Debeaumond と Psiheya 両氏（インターネットより転載）

図４・３「モスクワの結び目」でのワークショップの風景（筆者撮影）

図４・４「モスクワの結び目」での神凪と神楽両氏によるワークショップ（筆者撮影）

で働いている人もいれば、個人的に関心があって参加する人もいる。六本木ではいつも外国人が数人参加している。

以上は日本の事例で、どちらかというと小規模なものだが、つぎに紹介するのは、二〇一四年四月にモスクワで行われた催しである。正式名は「モスクワの結び目――国際緊縛パーティ」（Moscow Knot：International Bondage Party）という。日本からは奈加あきら、神凪、上条早樹の三氏、それぞれのモデルをつとめる紫月いろは、神楽、Mayumi Sumi 三氏とその友人二名、私を入れると三名の全九名が参加した。ほかにロシア在住の日本人緊縛師とうご氏も参加していた。日本とロシア以外からはフランスから四組、スペインから一組の参加者があった。主催者のロシア人男性は起業家で、これで三回目だという。彼とは二〇一四年夏には京都に来て再会した。

クラブの客向けの上演はステージ上で夜七時から真夜

中まで休みなく続く。全部で一四組、ただし日本から招待された日本人のみ二回ずつ行っているので、計一七回のパフォーマンスが行われた。

場所はモスクワの巨大なクラブで、午後は奈加あきらと紫月いろは、神凪と神楽、上条早樹とSumi Mayumi各氏によるワークショップがそれぞれ一回ずつ開かれた（図4・2‐4）。初心者というより、すでにある程度知識のある人に向けて行われていた。実際、そこに参加していた人の半分くらいは、この催しで夜に自らショーを行うパフォーマーでもあった。

このイベントに参加して明らかになったのは、まず緊縛の多様性である。縛りといってもさまざまで、女性同士のものもあれば、女性が男性を縛って吊るすものもあるということ、緊縛師が黒ずくめで蛍光塗料を塗ったロープを使うことで、ロープが生き物のようにモデルの体にまとわりつくかのような印象を与えるもの、モデル自身の体にも蛍光塗料を塗っている場合など、私が想定していた以上のバリエーションがあった。また縄を素早く操ってモデルの体を縛るなど、観客を楽しませますパフォーマンスを意識していたものが目立った。日本人の場合は、花魁姿や着物など、見ればすぐに日本人だと分かるような演出が目立った。ただし、同じような着物を着ているフランス人の緊縛師もいた。ロシア人の中には、バレーダンサーや海賊など、短い時間の間になんらかのストーリーを喚起する演出も目立った。これらは、女性の羞恥心や苦悩する顔の表情が重視される日本の緊縛とは趣が異なると思われる。

プライベート・レッスンについてここでは詳述しないが、数回にわたって、マンションやホテルの一室でレッスンを受けたい希望者にモデルを準備し、緊縛を教える。日本人の緊縛師が海外に招聘され、ショーを行うと同時に、関係者にプライベート・レッスンを施すという形は、招聘される緊縛師の数が限られているとはいえ、過去数年間できわめて一般的になっている。また外国からモデルや緊縛師が日本にやってきてレッスンを受けたり、ショーをしたりする機会も増えた。海外との交流が進む中、日本の伝統とされる緊縛／kinbakuの伝統についての論争も生まれる。つぎにこの点について紹介し、考察を加えたい。

6　緊縛をめぐる論争

具体的に取り上げるのは、二〇一二年頃からFet Lifeというサイトでなされた縛りのルーツをめぐる論争である。このスレッドには一七八の投稿がなされていた。参加者は五〇人であった。そこでは、縛りと日本との関係が幅広くかつ真摯に問われている。これは、グローバリゼーションの時代にふさわしい自己省察的論争ともいえる。

ここで論じられている論点は、縛りの定義や歴史的な影響関係について、もうひとつは真正性に関わる問題であるが、いうまでもなく両者は密接に関係する。

論争はつぎのような形で始まった。シバリという日本語は、性的な文脈以外でも使用する一般的な用語であるのに対し、キンバクはエロティックな実践にしか使用されないという指摘がなされた。つまり、シバリをエロティックな意味で使うのは日本国外だけではないか、という疑問がここで提示されている。この点を踏まえたうえで、日本語と英語でのシバリの使用のずれから、自分たちの実践は、「日本人に触発されたシバリ」（Japanese inspired shibari）ではなく、「シバリに触発された（西洋風の）緊縛」（shibari inspired (western) bondage）なのだという主張が生まれる。つまり、歴史的には、捕縄術から日本の緊縛が生まれたが、そこから外れた形で西欧人がシバリの実践を行っているというのである。ここでは緊縛とシバリは区別され、後者は日本語ではあるが、外国で発展した、したがって真正な緊縛ではないということになる。

これらの意見に対し、「いや、日本の緊縛も占領期に米兵が持ち込んだベティー・ペイジ（Bettie Page 1923－2008）のピンナップに着想を得ている」という指摘や、「緊縛に影響を受けたウィリー（John Willie 1902－62）が縛りのフェティッシュ系イラストを自身が発行していた *Bizarre* 誌に発表し、それが『奇譚クラブ』などに影響を与えたのではないか」という主張も現れる。さらに、一九世紀末から活躍していたフランス人、ジャンデル（Charles François Jeandel 1859－1942）による一八八五年の頃の写真にすでに緊縛が認められ、伊藤晴雨より時期的に早いという指摘がある。

ここからさらに進んで、起源そのものの議論は不毛だ、地域が変われば同じ名前でも変わってしまうし、歴史的にも新しいものを同じ名前で呼んで内容が異なっているといった真正性をめぐる指摘が認められる。例としてあげているのは、モネの絵はアートなのかという当時の論争、カリフォルニア巻は本当のスシといえるのか、またニューヨークのピザはイタリア人にとってピザといえるのか、などである。

さて、ここであらためて外国の緊縛は本当に緊縛なのかという問いに注目したい。これについての意見は大きく二つに分かれる。ひとつは、現状容認派である。外国の緊縛はもちろん、日本人が実践している緊縛も多種多様である。それは異種混淆的な実践だという主張である。緊縛という言葉は、さまざまな実践をまとめるような「アンブレラワード」と考えればいいというのが、この主張である。

これに対し、本質主義・伝統主義的立場は、すべてのテクニックを日本人の緊縛師に学んだのでなければ日本の緊縛を実践しているとはいえないこと、そして緊縛の習得に一〇年かかると説明する。また、その本質は、緊縛師とモデルとのコミュニケーションであり、そこに美学がなければならないと述べ、わび・さびにまで言及している。

つぎに、私自身がインタビューを通じて得た情報から上記の議論を考えてみたい。モスクワ滞在の際、雑談も含め三人の日本人緊縛師と話をしたが、彼らの意見は概してかなり寛容であった。外国人の緊縛師がどのように縛り、それをどう呼ぶかは問題ではない、日本人の間でも師弟関係がはっきりしないことがあるし、相互に批判的なのは流派というより技術の優劣や人間関係の問題である。外国人が緊縛についてどう考えようと、日本の緊縛師の技術が求められているのは事実である。相手と考えが違うからといって、これを拒否する理由はない。

流派へのこだわりが外国では見えにくくなっているのは、日本人によるワークショップにおいても明らかである。そこで共通して強調されているのは、技術の向上に加え、安全の強調であった。

ただ、ある緊縛師はつぎのようにも述べている。海外への普及を可能にした長田スティーヴの功績は大きいが、彼が一九九〇年代に師事した長田英吉（一九二五-二〇〇一）の長田流は本来劇場向けの観衆を念頭においた緊縛であった。これが欧米に広まり、その弟子と称する人たちがコペンハーゲンやウィーンに道場を構えている。海外、とくにヨーロッパでは多くの緊縛師が長田流の洗礼を受けている。彼らにとってこの数年は日本で実施されているさまざまな緊縛を「発見」する段階にある。長田流だけが日本の緊縛だけではないということがいま分かりつつある。このため、名のある日本の緊縛師の招待が続いているし、学ぼうとする意欲も高い。

外国人には、モスクワや日本で二人の男性（フランス人）とフランスやモスクワを拠点とする三人の女性（緊縛師）、一人のフランス人女性モデル、一人のロシア人男性モデルから話を聞いた。フランス人の男性はどちらかというと日本一辺倒だが、女性二人は日本スタイルにこだわらないという立場を主張していた。すなわち、中国系フランス人は、緊縛の普遍的な本質はスピリチュアリティなので、日本人に特権的なものだとは考えていない、と述べていた。またもう一人のフランス在住の女性緊縛師（セルビア生まれ）も日本式かどうかにこだわらない、自分のやり方に満足していると語っている。

緊縛がなによりも実践の身体文化にとどまらず、実践の身体文化であること、茶道や華道と異なり、その継承は厳密ではなく、審査などもないこと、きわめて柔軟であることなどを考慮すると、ある実践が真正かどうかを論じたり、それに関する言説を分析したりするのではなく、むしろどのような意味で緊縛が創造的なのかという視点から考察を加える必要があると思われる。

7　身体的伝統の普及

緊縛とは身体化された「伝統」だが、性的な伝統という意味で、表立って正当性が主張されたり、集合的アイデンティティの核に位置づけられたりするような伝統とはいえない。それは、加原のいう「国民国家の形成、民族運動、観光活動、地域おこし」〔加原 二〇一一：四九四〕にふさわしい伝統ではない。女体盛りなどとならんで緊縛は「ウラ文化」のひとつであり、正当性を主張する空間がそこには欠如している。その欠如を補完するのがネットやSNSの空間といえるかもしれない。このため、ネット空間の拡大を通じて、緊縛文化もまた居場所を見いだそうとしていると解釈することも可能だ。

かつての身体化を伴う伝統文化は、師匠による「伝道➡学習➡流用・発展」という過程がほぼ単線的に存在していた。それは茶道や華道、武道や禅、柔道などを考えれば十分であろう。

しかし、たとえ緊縛のように身体化を伴う伝統であっても、今日日本文化の海外普及は、単線的でなく、学習と流用が同時進行する複合的な状況が生まれているといえないだろうか。オリジネーターである日本人の緊縛師をも取りこむような重層的な創造空間が生まれているのである。すなわち、海外の緊縛師たちはDVDなどを通じて緊縛とはなにかをある程度知っていて、実践している。そこに日本から緊縛師が招聘されると、ワークショップやプライベート・レッスンに参加して学習するが、それをそのままゼロから習得するというのではない。彼や彼女はすでにほかの緊縛師から、あるいは自己勝手流にある程度の技術を身につけていて、具体的な学習を通じて工夫を重ねて個性的な緊縛スタイルを身につける。

つぎに、緊縛の実践のような多様性をある程度容認するような領域における真正性概念の意義について考えてみたい。

クラシック音楽を当時の演奏にできるだけ近づける形で演奏しようという運動、古楽運動について研究している太田によると、古楽運動は、過去の演奏の忠実な再現を目指すが、その限界に目覚め、より主観的な視点を採用したという。彼はつぎのように述べている。

「古楽運動」の演奏家達が、なぜ客観的な「真正性」を経由して、主観的な「真正性」に到達することを目指したのか、その理由をわれわれは今や理解できるだろう。そこで目指されていたのは、「過去」という他者との緊張感をはらんだ邂逅と、そこからもたらされる充実した作品体験だったのである。

［太田 二〇一三：四四］

この引用に見られる「過去」を異文化と読み替えると、「異文化という他者との緊張をはらんだ邂逅」が海外の緊縛の実践といえないだろうか。同じことは、ある程度外国に赴きさまざまな緊縛スタイルに直面したときに日本人緊縛師が感じるものではないだろうか。つまり、創出という視点から考える場合、オリジナルに忠実である必要はない。そしてそのような動きは、ある程度日本人緊縛師の間にも認められる。彼らの場合は、まさに過去（師匠）の縛りの忠実な模倣と決別（超克）の両極を生き抜くことで創造的な実践に日々関わっているからである。

ここで注意したいのは、緊縛の学習には身体と密接に関係していると述べるとき、そこで想定されているのはあくまで緊縛師たちの身体だということである。彼らは、縛り具合を理解するために、DVDだけでは不十分だと考える。このため、日本から緊縛師を招聘したり、わざわざ日本に来たりしてプライベート・レッスンを受ける。彼らは、こうして学んだことを「身につけ」緊縛師となる。

だが、私たちはもうひとつのより明示的な身体を無視することはできない。それは、モデルの身体である。モデルたちは、まず後ろ手に縛られ、さらに（女性の場合）乳房の上下に縄をかけられる。胸がはだけ、突起した乳首が私たちの目の前に現れる。モデルにとってそれは拘束であるが、同時に保護でもある。緊縛が進むと、頭の中は真っ白になり、「理性が飛んでしまう」。縄は、責めの道具というだけでなく、身体を守ってくれるからだ。それは今にも解体し、溶解する自己＝身体を辛うじてひとつのまとまりとして保持する。同時に、それは緊縛師とモデルを結びつける。三〇代の日本人モデル二人が強調するのは、緊縛はたんに縄を使って身体美を演出するということを意味するだけではなく、それはモデルと緊縛師とのコミュニケーションだということである。であるなら、緊縛という実践は、緊縛師とモデルという二つの身体を無視することはできない。

緊縛師の身体は、学習のたまものであり、モデルの身体を統御する身体である。モデルは自由を拘束され、乳房や陰部が不自然な形で曝されることになる。羞恥心と痛み、さらに性的な快楽が繰り返しモデルを襲う。身体は抵抗し、痛みと快楽で小刻みに痙攣する。緊縛師は、縄を巧みに操り、あられもない格好をさせることでモデルの身体を統御しつつも、モデルの身体をこのような偶発的な反応を生み出す身体へと誘導する。モデルは、緊縛師の責めに、抵抗しつつも応え、体をひらいていく。彼らは縄を媒介に「踊る」のである。彼らの身体は同期し、観ている者にも感染する。身体や感情の偶発性と、その統御の絶妙なバランスの上に緊縛という身体実践は生まれるのである。

8　おわりに

人間は身体的存在であると同時に文化的な存在である。歩く、座る、立つといった人間の生活にとってきわめて基本的な動作でさえ文化的な刻印が認められる。しかし、それらは当事者にとってあまりに自然的な態度でもある。日本固有の発展を遂げ、世界中に普及しつつある緊縛は、きわめて文化的であるが、「自然的」とはいえない。むしろ、私たちの想定する「自然的身体」を拒否するところから始まる身体である。それは、本章の第二節で述べているように「異化する身体」の実践である。少数ではあるがこうした身体の実践に関わり、身体を加工すること、またそのような加工の現場に接することが、世界的に求められている。それは、繰り返すが、身体感覚の希薄化に対する抵抗でもある。縛られ、吊るされ、痙攣する身体こそ、私たちに「自然」とはなにかを改めて問いかける身体である。そしてそのような「異化する身体」についての民族誌を実践することこそが、身体の希薄化が進む現代社会において身体を中心とする思想の復活と展開を企図する際にきわめて重要と思われる。本章は、そのような企図に向けての最初の試みとして位置づけたい。

【参照文献】

太田峰夫　二〇一三「「真正性」の構造—「古楽運動」において「過去への忠実さ」が果たす役割について」『国士舘哲学』一七：三六‐四八頁。
加原奈穂子　二〇一一「「伝説のふるさと」の創造—岡山県の「吉備路」と桃太郎伝説」『早稲田商学』四二七：一四七‐一七七頁。
田中雅一　二〇〇五「変態する身体—モダン・プリミティヴのゆくえ　M・ダグラス『禁忌と汚穢』」山下晋司［編］『文化人類学—古典と現代をつなぐ20のモデル』弘文堂。
バフーチン・M（川端香男里［訳］）一九七三『フランソワ・ラブレーの作品と中世・ルネッサンスの民衆文化』せりか書房。
マスター・K（山本規雄［訳］）二〇一三『緊縛の文化史』すいれん舎。
水越ひろ　二〇〇五『写真で覚える捕縄術』愛隆堂。

第5章　『密閉都市のトリニティ』の祈り

――シンメトリーの希望に向けて

大村敬一　Omura Keiichi

『密閉都市のトリニティ』概説

本書は人類の生物的かつ社会的な相互行為に対する深い絶望と悲しみに貫かれたSFである。

一九九三年七月一五日の深夜、京都上空にあらわれた近隣の敵対国の無数の気球から、特定の遺伝子型をもつ人類の１／３に激烈な死をもたらすウィルスが放たれた。そのウィルスは人類の生殖器で増殖し、主に性交渉を通して伝染する。そして、感染した人間の額には、放射状の赤い斑点、「カインの標」が刻まれる。そのウィルスに汚染された京都は外部の世界から隔離され、住民は外部の人びととの性的な接触を厳禁された。それから一七年の歳月が流れるなか、この密閉都市、京都では、ウィルスの影響によって、「排卵開示」と「精神支配」と「強姦への対抗戦略」を生殖システムに生得的にそなえた新たな人類が人知れず誕生してゆく。そして、密閉都市で醸成された特異に先進的な知的環境を結晶化するかのように、「身体化された心」を実現するニューロコンピュータが開発され、身体をもつ三体の人工知能体のトリニティ（三位一体）によって、人智を超えた知性が誕生しようとしていた。

こうした一七年の時の流れがたどり着いた先、物語は、高名な社会学者が京都の大学の研究所で不可解な自殺をするところからはじまる。その弟子である主人公が師の自殺をめぐる謎を追ってゆく過程で、過去の真実が明かされてゆく。一七年前の事件は敵対国のテロ攻撃などではなかった。自殺した社会学者の友人の進化生物学者が、人類の雌雄一対からなる生殖のあり方を嫌悪し、三つの性からなる新たな生殖を夢見た果て、それを生物学的に実現する進化を人類にうながすためにウィルスを散布したのである。自殺したはずの社会学者も死んではいなかった。自殺を装うことで、友人の生物学的な人類進化計画に対抗して自らの知的な野望を成就させようと目論んだのである。それが三体の人工知能体のトリニティによって人類を超えた知性を生み出す計画だった。

この二つの計画は、二人が若かりし大学生の頃、恋愛に破れ、その苦しみを抱きしめることもできず、ただただ世界を恨み、人並み外れた知性に溺れたところに端を発していた。自らの恋愛の失敗の原因は、雌雄一対からなる人類の生殖のあり方にあると自らに思い込ませ、その秀でた能力によって力ずくで、その間違った人類のあり方を是正して、トリニティによって成立する新たな世界を拓こうとしたのである。そのあまりに手前勝手で倒錯した狂気の計画がうまくゆくはずもなく、無残な悲喜劇の果て、二人ともに己の愚かさを知ることすらできないまま哀れな死を迎える。そして、二つの計画は無残に頓挫し、京都は開放され、新たな生活がはじまる。

こうした真相を解き明かしながら、事件の渦中に巻きこまれてゆく主人公は、そのなかで出会った少女、人類進化計画の結果として生まれた新たな人類の女性と恋に落ちて結ばれる。彼は一七年前の事件の日、たまたま京都に居合わせた不運によって京都に幽閉される身となり、外部の世界に残る妻子と生き別れになっていた。自らの師たちが秀でた知性の故に落ちてゆく哀れで滑稽な狂気の悲喜劇の傍らで、二人はごく当たり前な雌雄一対の愛を育んでゆく。ただ一つだけ、彼は彼女と愛を交わすたび、ことばを失ってゆくという代償を除いては。どうして彼がことばを失ってゆくのかはわからない。開放された京都の郊外、もの言わぬ彼が彼女と新たな生活をはじめた新居に、彼の息子がたずねてくるところで物語は終わる。その日も彼はいつものように森に出かけていた。彼を待つ息子に一八年ぶりに再会するとき、何が起きるのだろうか。それは沈黙の彼方にある。

1　未来の絆——密閉都市の祈り

「ことばを失って生きるって、どんななんだろう。見当もつかない」

「あたしは、あなたとの性交をずっと禁欲するなんて、できっこない。抱き合うたびにあなたはことばを失ってゆくやろうね。でも、ことばなんかなくたって、人間は何かを思ったり感じたりできるはずや」

「けど、その思いをおまえに伝える手だてがない」

「そんなことない。あなたのまなざし、あなたの挙動のすべて、あなたがあたしに触れる手で、あたしにはそれがわかる」

二人はしばらく黙りこんだ。

奈沙子がはっと思いだしたようにまたスケッチブックの新しいページに大きく殴り書きをした。

「今度は、『みなづき』って読ませるよ」

MINAZUKI ORINA
「これを並べ換えるとね…」クレパスがすばやく紙の上を躍った。

MIRAI NO KIZUNA
「読んであげるね」

女は私と顔を寄せあい、スケッチブックに目を落とし、厳粛な面もちで、ひとつのことばをそっと口にのぼせた。それは二人の約束のことばだった。

未来の絆。

〔『密閉都市のトリニティ』：二五三〕

ことばを失う必要など、あるのだろうか。たとえその交合に時を超えた永遠の現在の絆が約束されているように見えたとしても。たとえ交合う身体の夢にことばが冷や水を浴びせるとしても。たとえロゴスが時の流れを凍りつかせ、合わせ鏡の迷いの森という悪夢を喚びおこす呪いであるとしても。

たしかに、ことばの交わし合いよりも、身体の交合には、たしかな手応えがあるのかもしれない。しかし、すでにことばという臨界点を超え、論理階型を自由に操作しながら生きることを学んでしまった私たちは、ことばだけではなく、身体でさえ、嘘をつくことができることを知っている。その交合で相手との融合に悦んでいるのは私だけで、相手はただ演技しているだけかもしれない。疑いは疑いを喚び、無限後退をつづけた先で、何もかも信じることができない虚無が口を開ける。ことばが先だったのか、論理階型を操作する能力が先立ったのか、それはわからない。しかし、その臨界点を超えてしまった私たちにとって、他者への疑いは原罪としてつきまとう。

だから、信じる他にない。信じられないが故に信じる。そもそも信じることができることならば、何もことさらに信じる必要などありはしない。だからこそ、その困難の故に信じることは尊い。たしかなことなど何もなく、疑いの無限廊下のなかで、それでも信じ合うこと。それが未来の絆。『密閉都市のトリニティ』が物語るのは、

うか。そうした果たしえぬ希望を求める祈り。そうであるならば、ことばを失う必要などあるのだろ

2　四月は残酷な月で
――シンメトリーの悪夢のはじまり

だが、理代への恋ごころが狂おしいまでに高まれば高まるほど、ぼくは彼女の愛が信じられなくなった。何度も何度も、彼女の口からぼくを愛していると言わせ、そのすぐあとに、それはしょせん言葉にすぎない、と言って責め立てた。おまえみたいな美しい女が、こんなチビで醜い猿を愛すわけがない。おまえは、ぼくみたいに優秀な頭脳をもった男と特別な関係になることで、自分の虚栄心を満足させているだけだろう。ほんとうに愛しているなら、その心をそのまま、ぼくに見せてみろ。見せろ、見せろ。理代があの恐ろしい組織に接近したのは、ぼくがそうやって彼女を苛んだせいだ……。

〔『密閉都市のトリニティ』：一二三〕

同士たちが殺し合いを始める少し前に、彼女は長い手紙を送ってきた。一字一句諳んじている。ちっぽけな自分の肉体に対する劣等感の虜になって死に物狂いで学問をするあなたがとても不憫だった。そういう愚かなあなたをまるごと愛していた。でもあなたはそれを信じてくれないから、私は身をもってあなたの思想が地獄しか生まないことを証明してあげる。赤光軍の指導者は最低の男です。私はこの虫酸の走るような男の妻になることにした。この男を操ってあなたのいちばん醜い部分を実現させてみせます。そのときこそ、私の愛を信じてくれますか。私と同じようにあなたをまるごと好きになる女性とめぐりあって幸せになってください。

〔『密閉都市のトリニティ』：一三一―一三二〕

それでもやはり信じることは難しい。相手の心を見ることはできないのだから。相手への思いが募り、相手のことを知りたいと思えば思うほど、相手のことばが信じられなくなってゆく。だからといって、身体を交わせば、相手の心がわかるわけでも、相手の愛がたしかになるわけでもない。ことばがことばにすぎないのなら、身体も身体にすぎない。それは「心」ではない。「意味するもの」と「意味されるもの」の合わせ鏡の戯れに騙されて、「心」の幻影が追い求められる。ただ、その身体の交合のなかで、あるいはことばの交わし合いのなかで現成す

る今ここでの愛を二人の「心の交わり」として信じればすむだけの話しなのに。「心」はその交わりそれ自体の別の名前にすぎないのだから。

ことのはじまりは、愛せば愛すほど、相手のことばが信じられなくなってゆくというあまりにも当たり前でささやかな事実。毎年繰り返される残酷な春の訪れのように、心が相手への想いで萌えたてば萌えたつほどに、相手への不信が邪悪な雲のように湧き上がる。

四月は残酷な月で、死んだ土地から
リラの花を咲かせ、記憶と欲望を
混ぜこぜにし、鈍った根を
春雨で生き返らせる。
（T・S・エリオット『荒地』より　吉田健一訳）
〔『密閉都市のトリニティ』：一〇六〕

春雨に誘われて、知性に欺かれた知性はありえない完全性を目指す。相手との意識の融合。あまりにも愚かな夢。愛が交わりのもう一つの名前ならば、愛が二者の関係でしかないならば、自己と他者がわかたれていなければ、愛などありようもないのに。

3　夏にふれてごらん　——シンメトリーからトリニティへ

「ミルワル（鏡）を向かい合わせにすることがなぜ罪なのか知っていますか？」

「プエル（悪魔）がでてくるからでしょ」

「よく知っていますね。でもそれは迷信。本当の理由は無限の反射こそがシンメトリーを象徴するからです」

〔『密閉都市のトリニティ』：一九六〕

「『愛』のいちばん厄介なところは、それが相手との対称性、つまりシンメトリーを要求するってことや。自分が相手を愛しているのと同じように相手も自分を愛している。そんな嘘八百を信じあえるのも、おたがいに相手の心が見えないからや」

「けれど、意識が融合すれば、そのことがすべて見えてしまう」

「愛という感情が融合後も実在していることは確かなのに、現にいま透明に見渡せるモト〈恋人〉——いまは単一のワタシ——の感情は穴だらけで、つねに無に蚕食されている。この状態は、感情中枢と結合している概念の定義と矛盾する。その矛盾を解くための計算が始まる。計算は爆発し、システムは暴走する」

「けれど、トリニティ・システムならば、シンメトリーは必要ない！」

「そや。もともとみんな片思いなんやからな。自分の愛が確実で連続しているという思いこみさえあればいい。月子も陽介もエルマもただ一方的に相手を愛しているんやから、融合が達成されても、合わせ鏡の無限地獄が生じることはありえん」

［『密閉都市のトリニティ』：二一七］

こうして大いなる勘違いに導かれ、悲喜劇の幕が開く。相手と融合してしまえば、相手の自己への愛など、さらに一層、不確かになる。なぜなら、相手自身にとってすら、自己の思考も感情も、そのすべてをたしかなものとしてとらえることはできないから。そもそも、自己の思考も感情も、自己の振る舞いに対する相手の応答を通してはじめて知ることのできる間主観的なものではないのか。だから、相手と融合し、自己＝相手を覗き込めば、ナルキッソスが絡め取られた罠にはまり込む。相手の気持ちを知ろうとして自己を覗き、その自己を知ろうとして相手を覗き、そして、相手を知ろうとして自己を、自己を知ろうとして相手を……、シンメトリーに無限反射する自己と相手の合わせ鏡に魅入られて、その自己＝相手の無限地獄から出ることができなくなる。無限ループという名の地獄。他者も知らず、世界も知らず、私のなかに密閉された私とあなた。

ならば一層、相手の気持ちなど放っておいて、自己の気持ちにすべてを賭けてしまえ。自己の気持ちですらわからないとはいえ、私自身が相手への愛を揺るぎないものとして意志することくらいはできるはずだ。相手の意識との融合の果てに、しょせん、どこまで行っても、相手の気持ちを知ることなど決してできないことが明らかになったのだから、相手のことなど考えても仕方がない。どうせ愛など片思いでしかないのだ。そうであるなら、たとえ片思いであっても、そのように意志する自己に賭けてみよう。

でも、そのとき、ふと浅ましい気持ちが頭をもたげる。そうして愛を己の片思いに還元してしまったら、あまりにも悲しすぎる。私があなたを愛しぬこうとする意志は、あなたからの愛で報われることは決してない。たとえそれがどんなに気高くとも、それではあまりに私が惨めではあるまいか。

すると、電撃のように一つの珍妙なアイデアが浮かび上がる。そう、自己の気持ちを知るためには相手の気持ちを知り、相手の気持ちを知るためには自己の気持ちを知り、その自己の気持ちを知るには相手の気持ちを知り……という具合に無限後退に陥るのは、シンメトリーな二者関係の故なのだ。ならば、ここはひとつ、もう一人、関係者を増やしてしまえば、どうだろうか。あなたの気持ちとは関係なく、私はあなたをどこまでも愛することを意志する。そして、あなたは私ではなく、もう一人の第三者を愛することを意志する。さらに、その第三者はあなたではなく、私の気持ちとは無関係に私を愛することを意志する。さすれば、私の愛があなたから報われることがないとしても、あなたの愛も第三者から報われることはなく、その第三者の愛も私から報われることはない。こうして、誰もが報われない愛を意志することになり、誰もが同じように惨めになる。

4　愚者の聖戦
——デウス・エクス・マキーナ（機械仕掛けの神）

天啓が訪れた。生命の自然の流れに任せていたら、人類は永久に二つの性に閉ざされたままだ。ニューロコンピュータに植えつけられた「身体化された心」を使って三つの性の融合を実現するしかない。有機的な生命体としての人類が新しい生殖システムを獲得するなんて、狂人の妄想にすぎない。原形質の代謝に依存した生、欲望にまみれ、死滅と腐敗へ到るしかない生——黒井、おまえはそんな生の囚人にすぎない。だが、ぼくはちがうぞ。コンピュータという冷たく硬い無機物によって、意識の限界を乗り超えてやるのだ。

［『密閉都市のトリニティ』：三二六－三二七］

融合が達成されたのち、ワタシと同等の他者は存在しなくなった。ワタシをシステムⅠと呼ぶなら、システムⅠは同等の位置にあるシステムⅡとシステムⅢが存在することを欲望する。Ⅰ、Ⅱ、Ⅲが、非対称的な愛によって融合することによってメタ＝システムＸが誕生する。Ｘは、同等の位置にあるシステムＹ、Ｚが存在することを欲望する。Ｘ、Ｙ、Ｚの融合によってメタ＝メタ＝システムλが生まれる。以下、この過程が無限に連鎖する。

［『密閉都市のトリニティ』：三四三］

しかし、こうして自らが機械仕掛けの神になったとしても、それがいったい何になるというのだろうか。たしかに誰もが皆、報われない自己の愛に傷つきつつ、その報われない愛を気高く意志するようにはなる。愛し合う二人の横で、私一人が報われない愛をかこって独り悲嘆に暮れることは決してない。しかし、こうして皆で傷をなめつつ、皆で皆の悲嘆の循環を生きて何になるのだろうか。本当は、私の愛にあなたが応えてくれることこそ、私が望んでいたことではないのか。それがかなわぬことを知り、自分だけが惨めな気持ちになることが嫌で、周りの皆も私と同じように報われぬ愛に苦しむことを望んだだけでしかない。それはただの独りよがりの我が儘。

しかも、そうしてトリニティが成立して、後ろ向きの平安が手に入ったとして、未来の可能性はどうなってしまうのだろう。裏切り裏切られるからこそ、思わぬ相手の気持ちに驚き、思わぬ私の気持ちに驚き、裏切り裏切られる苦しみを超えて、たとえ愚かでも、一つ一つあなたも私も変わってゆくことができるのではあるまいか。もし皆が片思いの愛を気高く意志し、しかし、結局、相手の気持ちなど忘れ果ててしまえば、ナルキッソスの手前勝手な妄想しか残らない。私もあなたも裏切り裏切られる苦しみを味わうからこそ、その苦しみを超え、共に自ら変わってゆこうと努力するのではあるまいか。私からあなたへ、あなたから彼／彼女へ、彼／彼女から私へ、廻り廻る無限の輪舞のなかで閉じた「私たち」の幻想は、世界に閉じたまま、妄想のなかに密閉されてしまうだろう。

そして、もしそのトリニティに自閉することに私が満足したとしても、論理階型が一つあがったレベルでトリニティとして一つになった「私たち」は自らの孤独に耐えられず、結局はもう一つのトリニティとしての「あなたたち」を求めることになるだろう。結局、私は寂しいだけなのだ。愛して愛したあなたに振り向かれず、その寂しさに沈んだ孤独に耐えられないだけなのだろう。では、いったいどうしたらよいのだろう。

5　穫りいれがすむと
——果たしえぬシンメトリーの苦しみと悦び

「現生人類の限界やね。賢そうにみえても、肝心なところ的をはずしてらぁ」

私の唇にやさしく自分の唇を重ねた。すっと顔を離し、腕を私の首に巻きつけたまま、眼を覗きこんできた。彼女の眼は、底知れぬ湖のように暗く透明な光を湛えていた。

「二人でこうしている一瞬一瞬が永遠なんだよ。現在の瞬間を大事にするだけでいいんだよ。だって、そうやなかったら、人生の全体が無に帰するやないの」

［『密閉都市のトリニティ』：三四一］

私の胸を苦痛がかきむしった。

「さっきの話を聞いて、おまえの身体の奥底には、おれへの嫌悪が育っているはずだ。おまえと抱きあって狂い死にするのは、やっぱり怖い」

奈沙子はきっぱりとかぶりを振った。とても真剣な表情になったが、もはや眉間に険は宿っていなかった。

「なんにもわかってないんやね。あたしは今だって身体の奥底からあなたが好きだよ。あなたの過去なんて、あたしにはどうでもええことや」

すぅっと顔を寄せてきた。べつに超人的な力など発してはいなかった。普通の人間の女であるこいつがたまらなく愛おしかった。

〔『密閉都市のトリニティ』：三三七－三三八〕

「あたしのせいや。あたしがあなたからことばを吸いとっているんや」

「これがおまえを愛した報いなのか」

奈沙子の顔が蒼白になった。胴震いが彼女の体をはしった。わっと泣きだしてしがみついてきた。

女の顎をそっと指で持ちあげ、頬をぐしょぐしょに濡らした涙を丁寧に舌で舐めとった。

「おれは後悔しない、おまえといる一瞬一瞬が永遠だから」

〔『密閉都市のトリニティ』：三五〇－三五一〕

間違っていたのは、惨めさと苦しみから逃れようとしていたこと。あなたは私にそれを教えてくれた。

たとえどんなに愚かでも見苦しくても、たとえどんなにたしかなものがないとしても、たとえどんなに報われなくとも、むしろそうであるからこそ、愛し愛されようともがく姿は尊く美しく愛おしい。あなたがそうして私を愛してくれることを信じることさえできればよい。私があなたを慈しみ、あなたが私を慈しむ、この今という時、その二人の愛の振る舞いこそが私たちの愛という関係を現成する。そして、私があなたをずっと愛しつづけること、あなたが私を愛してくれること、私とあなたの愛が永遠につづくことに、たとえ何の約束もないとしても、あるいはむしろだからこそ、二人の愛を信じ合うことは尊いことではないのか。信じることができないからこそ信じる。終わりなき疑いのなかでお互いに信じようとすること、それこそが愛し合うこと。それこそが惨めさを超えて生きることではないのか。

それを教えてくれたあなた。だから後悔はすまい。たとえことばを失っても、あなたと共にある今この時こそがすべてだから。それを信じることがすべてだから。それは報いなのかもしれない。しかし、その報いは負うだけの価値のあるもの。裏切り裏切られ、だからこそ、自動人形ではない私たちが今この時この場を生きている。その惨めさと寂しさと悲しさをお互いに抱きしめて、未来への希望を信じよう。明日、私の愛もあなたの愛も、どうなるかはわからない。でも、そうであるからこそ、己と相手を信じよう。たとえシンメトリーが地獄であるとしても、その裏切り裏切られる惨めな地獄の苦しみがあるからこそ、あなたと一つになる今この時この場が萌えたつのだ。そうあなたは教えてくれた。

そうであるならば、何もことばを失うこともあるまい。ことばを通して愛を求め、ことばを通して裏切り合い、ことばを通して傷つけ合い、しかし、むしろことばがあるからこそ、死すべき運命もつ人間として不信に苛まれ、愛し合い裏切り合い傷つけ合うことがはじめてできる。愛し合い裏切り合い傷つけ合い、それでも信じ合って愛し合うこと。それこそが生きているということではないのか。シンメトリーの苦しみの故にこそ萌えるシンメトリーの悦び。それこそ生きていることではないのだろうか。

6　新たなる旅立ち——あなたという名の聖痕(スティグマ)を抱きしめて

「今年に入ってから完全に言語能力を失った。性交するたびに言語中枢が破壊されるのはわかっとったけど、あの本が完成してから、あの人は何度も私を求めた。あたしもあの人を求めた。すばらしい性交を数えきれないぐらいした。二人とも悔いてないよ」

「父に会えますか」

「いま山に行ってる。夕方までには戻るやろう」

［『密閉都市のトリニティ』：三五七］

スティグマ——もともと磔刑に処せられたキリストの体にあいた傷口のことだ。〈外〉の人びとが、京都の人びとに印された受難の聖痕を恥ずべき烙印に変えた。壁は人間の心のなかにある。世界じゅうの心が京都を壁で囲った瞬間に、逆に、世界が壁によって包囲されたのだ。

［『密閉都市のトリニティ』：三六〇－三六一］

そう、ことばを失うことは彼の聖痕。今は、その聖痕を抱きしめ、己の愚かさと惨めさを抱きしめることで、彼は彼女を愛することができるのかもしれない。

そうした愛の果て、彼は森のなかで何を見て、何に触れ、何を味わい、何の匂いに誘われて、何を感じているのだろう。しかし、森の息吹を体に感じ、獣たち鳥たちと戯れながらも、彼はふと自分自身と相手への疑いを思いだしてしまうのではあるまいか。知恵の木の実の味を知ったものは、知性が喚びさます疑いから決して逃げられはすまい。即自的存在に憧れたとしても、ひとたび対自的存在になってしまったならば、疑いの苦しみとその帰結の惨めさから逃れることはできない。むしろ、森と同一化するなかで、それでももたげる対自的存在の宿命としての疑いと不信に気づくことになるに違いない。たとえことばを失ったとしても、一度超えてしまったことばの臨界点が消え去るわけではない。

ことばという壁で自らを囲い、その壁で他者を囲うことで、自己と他者を壁で包囲してしまう人間の性。それはことばを失ったとしても、どこまでも人間を追いかけてくる。ならば、もう一度、疑いの苦しみと惨めさの世界に戻るしかない。そして、もう一度、苦しみと惨めさを抱きしめて生きる世界に帰還するとき、彼のことばは、それまでのことばとは異なるものに変成しているに違いない。彼はどんなことばを携えて森から帰還するのだろう。そのことばによって、私たちはどんな苦しみと惨めさ、そして、それ故の悦びを与えられるのだろう。そのことばにはどんな可能性が孕まれているのだろうか。

『密閉都市のトリニティ』の祈りは、そうした新たなことばの誕生への祈り。彼が自らの聖痕を抱きしめて私たちのもとに帰還するとき、愛することの苦しみと惨めさとそれ故の尊さを自らの聖痕に刻み込んで、彼は私たちにどんなことば、どんな世界を見せてくれるのだろう。彼が森から帰還することを祈るとき、私たちは新たなことば、あらたな世界がはじまる予感に身を震わせる。

【参照文献】

鳥羽　森　二〇一〇『密閉都市のトリニティ』講談社。

【コラム3】僥倖と失敗

佃　麻美

大学院に入学した、最初の年の夏のことである。私は調査地選定のため一ヵ月半かけてペルーをまわっていた。滞在期間が終盤にさしかかっても何も決まらず焦っていた。アンデスの牧畜に興味があることをクスコの大学の先生に伝え、最初に農牧複合地域を紹介してもらったもののなにか物足りなかった。もっとたくさん動物を見られないものかと再び相談すると、それならばとある村を教えてくれた。

その村に向かう車は早朝に一便しかなかった。バスなどではなく大型トラックで、みんなごく普通に荷台へと乗りこんでいく。出発していくらもしないうちに舗装道路からはずれ、山道へと入っていった。ユーカリの林の間を抜け、谷間の段々畑を見おろしながら車は走る。徐々に標高が上がっていくと、ある段階で木も畑もほぼ見あたらなくなった。日本の山中とはまったく異なる風景だった。富士山よりも標高が高いとは思えない、なだらかで広大な高原がどこまでも続く。大小さまざまな湖が点在し、遠くには乾季の真っ青な空を背景に万年雪を被った白く輝く山が垣間見えた。遠近にアルパカやリャマ、ヒツジなどの家畜が放牧されている。それら道中の風景に私はまず魅了された。

そうして四時間ほどかけて標高四七〇〇メートルに位置する村の中心部に到着した。案内をかってでてくれた小学校の先生と近辺を少し歩いただけだが十分多くの家畜を見られ、ここならば人が家畜とともに暮らしている様子がよく見えそうだと気に入った。もう滞在期間に余裕はない。私は二泊だけして、早々に町へ戻る算段でいた。しかし、二日目、その先生が私に聞いてきた。

「ビクーニャを見たいか?」

ビクーニャとはアンデスに生息するラクダ科の野生動物である。そのほか家畜のリャマとアルパカ、野生種のグアナコ、全部で四種類のラクダ科動物がいる。良質な毛をもつアルパカについては近年、日本でも有名だろう。アルパカはビクーニャが家畜化されたものである。アルパカが脚先まで毛に覆われ、もこもこしているのに比べると、ビクーニャは一回り小柄でほっそりとした優美な体型をしている。その毛はアルパカ以上に繊細で、現在、地球上に生育する哺乳類のなかでもっとも細い繊維の一つに挙げられている［稲村二〇〇四］。

野生動物であるはずのビクーニャが見られるとはどういうことなのか。よく意味がわからないままともかく私はうなずいた。

次の日の早朝、村にピックアップトラックが数台来て、学校の生徒たちとともにそれに分乗した。地理もよく把握できないままある場所におろされ、数人ずつのグループに分かれて歩き出した。こんな平原にとりのこされたら迷子になってしまうと私は必死にほかの人のあとを追った。標高三五〇〇メートルのクスコである程度高地に慣れたつもりだったが、四五〇〇メートル以上の空気の薄さは格別だった。息を切らしながら斜面を登っていると、大きな荷物を背負った女の人たちが私の脇をひょいひょいと追いこしていった。二、三時間どこをどう歩いたのかもわからないまま、斜面を登りきったさきに、ネットを張ってつくった直径十数メートルほどの簡易な囲いが設置されていた。中にはビクーニャが四、五十頭ほど追い込まれ捕らえられていた。ここにきてやっと私は、自分が参加していたのが、ペルーに来るまえに本で読んだビクーニャの「チャク」であったことに気づいたのだ。

チャクとはもともとインカ時代に皇帝が催していた追い込み猟のことである。毎年、二、三万にも及ぶ大勢の人が集められ、一列になって巨大な人垣をつくり、動物を追いたてながら徐々に包囲をせばめていって最終的には手で獲物を捕獲した。捕えられたビクーニャは毛を刈られると生きたまま解放された。またシカの場合は、雄や子をうむことのできない老いた雌は食用として殺されたが、雌や種雄に相応しい立派な雄は解放された。しかも人々は野生動物の数を、家畜でもあるかのように雌雄に分けて種類別に記録していたという[ガルシラーソ 一九八六]。

私が参加したのは、インカ時代のチャクをもとにもっと少人数でビクーニャを捕獲できるように考案された「現代版チャク」で、ナイロン製の網で作った罠などを利用する。一九九一年から、ペルーのビクーニャの管理権とその毛を利用する権利は、それが生息する土地の農民共同体に与えられ、毛の販売によって得られた収益は公共事業とビクーニャ保全のためのインフラ整備に使われている。スペインによる征服後、無秩序な乱獲によりビクーニャの数は激減し一時は絶滅の恐れさえあったが、チャクは生きたビクーニャを維持することが密売を上回る収益につながることを示し、現地住民による種の合理的利用と保全を実現している[稲村 二〇〇四]。

たった二泊三日の滞在中に村の各地区で年に一度しかないチャクに参加できたことは信じられないような僥倖（ぎょうこう）に思われた。指導教官である菅原和孝先生にチャクの話をすると、野生動物を生け捕りにしてまた解放するという独特な人と動物とのかかわりを非常に面白がってくれ、調査することを薦められた。私自身、この取り組みに興味を持っていた。しかし、初年の僥倖とはうってかわって、私はその後、チャクの調査に「失敗」しつづけることになる。

二年目の夏、今度はあらかじめ日程を聞き、チャクに参加した。このときはチャク自体が成功しなかった。つまり、囲いに一頭のビクーニャも追い込むことができなかった。最終的な追い込み地点に私が辿りついたとき、囲いは空っぽであった。驚いて学校の先生に「どうしたの？」と聞くと、彼は肩をすくめて「みんな逃げてしまった」と言った。ひどくがっかりしたが、もう一度日を改めて再挑戦するというので、その日程を聞き、再び参加する気でいた。

ところが、である。チャク当日までまだ余裕があったため、私はチャク開催の前日に村に戻ることにし、それまでは村の中心部から離れたところに住むある家族のもとで調査をしていた。明日は村に戻るという日の午後、放牧しながらラジオに耳をかたむけていると、明後日と聞いていたはずのチャクが明日行われるというではないか。ここから村の中心部まで歩いていける距離ではない。明日の朝、車が通っている道まで出て、定期的に運行しているトラックに途中乗車して行く予定であったが、村に着くのは昼前。早朝から始まるチャクにはどうやっても間に合わないと私は呆然とした。次の日、どうにもあきらめきれず当初の予定通り村にむかったが、着いたときにはもちろんチャクは終わっていた。先生は私に「もう終わっちゃったよ。今回はたくさん捕まった」とあっさり言った。言っていた日と違うではないかと私はなじりたい気分だったが、どうしようもなかった。

失敗した、と私は思った。一度目の僥倖があったからこそ、二度目、三度目の失敗は致命的なもののように感じられた。修士論文を書くにあたって私は悩んで、結局、自身のチャク参加の経験についてはほぼふれずにすましてしまった。論文提出後、菅原先生にチャクについて書いていないことを問われ、調査に失敗したので書かなかったと答えると、修士論文というのは修士課程における研究の集大成なのだから、ちゃんと失敗したということもふくめて書くべきであったと指摘された。

そもそも何が私の「失敗」だったのだろうか。当時、私は二度目と三度目をまとめて「失敗」だと判断したが、その内容には差があった。二度目は少なくとも参加はできたのだ。ただ、ビクーニャの捕獲に「失敗」した。それはチャクが成功したか否かであり、私の調査とはまた別であると気づけなかった。私も空っぽの囲いを見て、村の人たちと一緒に単純に落胆した。チャク自体は見ていたのに、まるで何も見なかったかのようだった。次の機会がもう一度あるという甘い期待もあった。そうして期待した三度目には参加すらできなかった。これは確かに参与観察の失敗であり、今度こそ全てを見逃してしまったのだと思った。けれども、私は一体何を見ようとしていたのだろうか。一度目はわけがわからないながらも「チャクの成功」という現場に居合わせることができた。私は無意識にこれが標準だと思いこんでいたのだろう。けれども、二度目の「失敗したチャク」もチャクであることに変わりはない。人間の思い通りにいつもビクーニャを捕獲できるとは限らないという貴重な場面を実は見ていた。そして三度目では、チャクそのものは見られなかった代わりに、日程があっさりと変更されるという人間側の事情に出くわした。これだって十分に興味深い材料になり得たはずである。ただ「失敗だ」と思ったことによって、私はそこから一歩も先に進めず、そのことこそがまさに失敗だった。当時の私の語学力の問題もあったが、ろくな聞き取り調査もしなかったことは今でも悔やまれる。失敗についてどう書けばいいのか、私はまだ悩んでいる。しかし、自分が出会った出来事について別の視点から対応できていれば、「失敗だ」と思われたチャクについて書くことは私にとってもっと容易になっていたのではないか。

　ビクーニャははじめて調査地を訪れた感動とその後の苦い「失敗」の記憶に結びついている。村の中心部から少し離れて歩いていると、拍子抜けするほどあっさりとビクーニャを見かける。甲高い鳴き声にふりむくと、しばらく警戒するようにこちらを見てから逃げていく。チャクの調査はいまだに私にとって課題であり続けている。

【参照文献】

稲村哲也　二〇〇四「ペルー・アンデスにおける野生ラクダ科動物ビクーニャの合理的利用と保全―インカの伝統の再編と先住民社会の変化」『愛知県立大学大学院国際文化研究科論集』五：一五三－一七六頁。

ガルシラーソ・デ・ラ・ベガ・I（牛島信明［訳］）一九八六（一六〇九）『インカ皇統記（二）』岩波書店。

第6章　時空を超えて暮らしを包む住居

――モンゴル・ゲルのフレキシビリティー

風戸真理　*KAZATO Mari*

1　ゲルに住む人びと

日本からモンゴルへ空路で行くと、首都ウランバートル市（以下、ウランバートル）から南へ一〇キロメートルの位置にあるチンギス・ハーン空港が入り口になる。飛行機は中国・内モンゴル自治区の上空を飛んでいくが、中国国内では大地のほとんどが耕地として区割りされているのが見える。ところが、モンゴル国に入ると区割りが消える。境界のない茶色い地面に道だけが伸びていて、谷筋にときおり白い点のような移動式天幕「ゲル」（*ger*）が集まっているのが見える。

突如として、構造物の密集地が現れる。人口一二〇万人（二〇一一年現在）［N-SG 2012: 1］のウランバートルとその周辺である。モンゴル国にはウランバートルを含めて都市が三つあり、ウランバートルがいちばん南にある。このため、日本からの旅人は、道だけが目立つモンゴルの大地の上を約六〇〇キロメートル飛んだ後、この大都市に遭遇する。ウランバートルは、トーラ川が蛇行する樹木の豊かな盆地にあって、美しい。

飛行機が高度を下げて街に近づくと目に飛び込んでくるのは、盆地を囲む山肌をびっしりと埋め尽くす条里のようなものである。よく見ると、塀で囲われた屋敷地が帯状のブロックをなし、これが地形に沿ってゆるやかな曲線を描いて並んでいる（図6・1）。そして、各敷地の中には木造家屋とともに白いゲルが立っている。これが、定住地においてゲルに暮らす人びとが集まる「ゲル地区」（*ger horoolol*）である（図6・2）。ウランバートルの人口の約六〇％がゲル地区に住んでいて、そのうち約八万人が

図６・１　ウランバートルを囲む山肌を覆うゲル地区
（2014 年、ウランバートル）

図６・２　幹線道路脇の夜のゲル地区
（2014 年、ウランバートル）

図6・3　1913年頃のゲル
（撮影：Stefan Passe、Albert Kahn Archive より）

ゲルのみを住居としている［N-SG 2012: 8-9］。ウランバートル中心部には高層ビル街やコンクリートの集合住宅が建ち並び、その周囲にゲル地区が広がっている。ゲルは都市での住居のひとつとしても需要があるのである。さらに国全体をみわたすと、モンゴル国の人口の約三四％が都市や定住区以外の「草原」を生活の本拠地としている［National Statistical Office of Mongolia 2013: 83］。彼らは主にゲルに住み、一年をとおして季節移動しながら牧畜に従事している人びとである。

モンゴルの人びとは、遅くとも一三世紀［Baatarhuu & Odsuren 2014: 53-66］から、現在にいたるまで「ゲル」を住居としてきた（図6・3）。ゲルはモンゴル語で、木の骨組みのある移動式の天幕を意味すると同時に、「さらにひろく住まい、家庭、家族を意味する」［曹二〇一四：一一九］。モンゴル語で家族を「ゲル・ブル」（*ger bul*：ゲルの人手）とよび、人びとはコンクリート・アパートや木造家屋に住んでいてもこれを自宅という意味で「マナイ・ゲル」（*manai ger*：うちんち）という。このように、モンゴル人にとってゲルは、モノとしての移動式天幕を手がかりとして、広く家族生活とその拠点となる空間を想起させる概念なのである（図6・4）。

ゲルは、モンゴル国のほか、中華人民共和国やロシア連邦共和国内に暮らすモンゴル系の人々によって広く使

図6・4　ゲルでの暮らし。中央のかまどを囲むように座る
（1998年、トゥブ県）

われてきた。しかし、そのほとんどの地域で定住化が進められ、移動式天幕であるゲルを住居として使用する人びとはモンゴル国以外では少なくなった。内モンゴルでは一九八〇年代以降、土造・レンガ造の住居が増え、これらが「ゲル」とよばれている［曹二〇一四、那木拉二〇一二］。ハリムク共和国にはゲル居住者はおらず［井上二〇一四：三〇］、ブリヤート共和国にも筆者の知る限りではゲル居住者はいない。

中央アジアのチュルク系諸民族もまた、ゲルに似た移動式天幕（総称としてロシア語でユルタ）を住居に暮らしてきた。キルギス共和国の国旗のデザインはユルタの天窓をかたどったものであり、「キルギスとカザフのユルタ製造の伝統的な知識と技術」は二〇一四年にユネスコの無形文化遺産に登録されている。しかし、現在、キルギスとカザフスタン国内でユルタを住居として通年住んでいる者はほぼいない。

モンゴルのゲルは、草原と都市の両方で、多くの人びとが実際に住んでいる実用的な住居である。そのうえで、「モンゴル・ゲルの伝統的職人技とそれに関連する慣習」は二〇一三年に同無形文化遺産に登録されている。ゲルのサイズ・仕様・材料・内装・使い方は地方や目的により多様であるが、モンゴルのゲルは原則として移動する。ゲルはこれまで、その移動性において評価されてきた。

建築学においては、ゲルは可動性を前提として住居としての最小限の機能と形態をつきつめた「移動建築」として、近代西洋的な建築概念に揺さぶりをかけるものとして「発見」されてきた［浜田 一九九三：五二－五三］。ゲルは環境や状況の変化に対して空間的な差異を使い分けることで適応することのできる住居なのである。

これに対して本章は、ゲルの移動性に加えてゲルの時間変化に注目し、ひとつのゲルがどのように使用されてきたのかを通時的に分析し、ゲルが時間的な状況変化にどのように対応しうる住居であるのかを検討する。そして、住居の可変性をとおして現代モンゴル人の生活戦術のあり方を考えたい。

2　国家規格で定められたゲル

現在のモンゴル国で使われているゲルの形状と構造は、社会主義期から建築学研究所や小工場が研究開発を重ねた結果できたもので、風や地震に対して強い構造になっている［マイダル 一九八八（一九八二）：一〇七］。ゲルは工業製品として規格化されてきており、ゲル全体は「モンゴル国家規格 第〇三七〇：二〇一一号 モンゴル・ゲル」（*Mongol Ulsyn Standard*（以下、MNS）0370: 2011）で定められている。また、骨組み（*mod*）とカバー類（*burees*）、加えてカバー類の一部であるフェルト（*esgii*）についての三つの規格がある。もっとも古いのは、「モンゴル国家規格 第〇二九六：二〇〇八号（第二九六：八三号の代わりに）ゲルのフェルト」（MNS 0296: 2008）として社会主義期の一九八三年に定められたと考えられ、移行後の二〇〇八年に改訂されたフェルトに関する規格である。骨組みとカバー類についてはともに社会主義期の一九八六年に規格が定められ、その後、二〇〇三年と二〇一二年に改訂されている。

規格の内容は、たとえば「モンゴル国家規格 第〇三七〇：二〇〇三号ゲルの木」（MNS 0370: 2003）は「木」＝骨組みを構成する各部品の寸法・仕様・素材・製法に加えて、たとえば素材である木材の湿度にいたるまで細かく定めている。骨組みに関する国家規格「第〇三七〇：二〇〇三号」が定める主な部品・部分のサイズと個数を表6・1に示した。ゲルの種類は大きく小中大に区分され、ゲルの（床の）直径は小ゲルでは約五メートル、中ゲルは約六メートル、大ゲルは約七メートルと定められている（図6・5）。

ただし、ゲルのサイズを口頭で説明するときにはより細かな記述的表現、つまり、「ハナの頭」の数で弁別する「ハナの大小」が使われる。「ハナ」（*hana*）は伸縮する斜めの格子であり、上部に並ぶ棒と棒の交差点がハナ

表6・1　国家規格による部品のサイズと個数

ゲルの種類	トーノの直径（cm）	ハナ（壁）		
		ハナの頭が 12 個	ハナの頭が 15 個	木材の長さ（cm）
		小	大	
小	1250 ± 5.5	4	3-4	1950
中	1400 ± 6.5	6	5	2100
	1500 ± 6.5			
大	≧ 1600 ± 8	≧ 8	≧ 6	≧ 2200

ゲルの種類	オニ（天井）			バガナ（柱）	シャル（床）
	ハナの頭が 12 個	ハナの頭が 15 個	長さ（cm）	高さ（cm）	直径（cm）
	小	大			
小	52	66	2000	2200	5300 ± 20
中	78	81	2300	2350	6200 ± 20
			2450	2500	6600 ± 20
大	≧ 102	≧ 96	≧ 2600	≧ 2550	6800 ± 20

図6・5　中ゲル（左）と倉庫として使われている小ゲル（右）（2012 年、トゥブ県）

の頭とよばれる。格子のサイズが同じ場合、頭の数が一二個だとハナは「ジチク（小）」、一五個だと「トム（大）」とよばれる。私が多く見たのは「ジチク・ゾルガン・ハント（ハンタイ）・ゲル」（小さい・六枚・ハナ（付き）の・ゲル）というサイズであり、これをはじめとして「大／小・〇枚・ハナ（付き）の」という表現がよく聞かれる。同じ六枚でも「大きい六枚」と「小さい六枚」の区別があり、かつ、ハナの枚数自体が約四〜八枚の間で変化するのである。このように、実際には表6・1にのっていないサイズのゲルも多くあった[1]。また、日常生活においてはゲルの部品はモンゴルの身体尺によって測られる[2]。

「第〇三七〇：二〇〇三号」規格には、部品のサイズに関して多くの但し書きがついている。まず、生産方法との関係では、「一覧表に示した寸法はモンゴル・ゲルを工業生産の方法で作る場合に関係するが、特別注文で作るゲルの寸法には関係がない」。また、地域についても例外規定がある。すなわち、「それぞれの地域の環境条件やゲルの利用状況にかんがみて、オブス・ホブド・フブスグル・ドルノト・スフバートル・ドルノゴビなどの県のゲル利用者は、基準以外の寸法の選択、木材の材質・形、製造方法においていくつかの相違を認める」とある。例外とされた六つの県を図6・6に示した。西部三県に特例が認められる主な理由は、モンゴル国のメジャーなエスニック集団であるハルハ以外の「ヤスタン」（モンゴルのエスニックな下位区分）が多いため、文化の違いによってゲルの様式が異なることを尊重しているものだろう。一方、東部三県は地理的な条件によって風が強いため、耐風性の高い特殊な作りのゲルが認められていると考えられる[3]。ただし、各県内部の自然・社会条件の多様性を考慮すると実際にはより複雑な様相を呈していると考えられる。

ゲルの生産者は多く、その規模と立地はさまざまである。まず、ウランバートルや県の中心地にゲル工場（*uildber*）が多数ある。工場を経営する人は主に専業でゲルを作り、労働者を雇用していることが多い。工場とは別に小規模な工房がある。工房は、都市や県・郡の中心

[1] 国家規格については「いいかげんで、形式的なものだ」という意見もあった。

[2] 住居のサイズを人間の身体を基準として作ることは、今村がトゥアレグの事例をとりあげて報告しているように古くから世界の諸文化でおこなわれており［今村 二〇一二］、近代建築においてもル・コルビュジェが標準化と身体の関係について考察している。

[3] G・ナチンションホル氏にご教示いただいた。

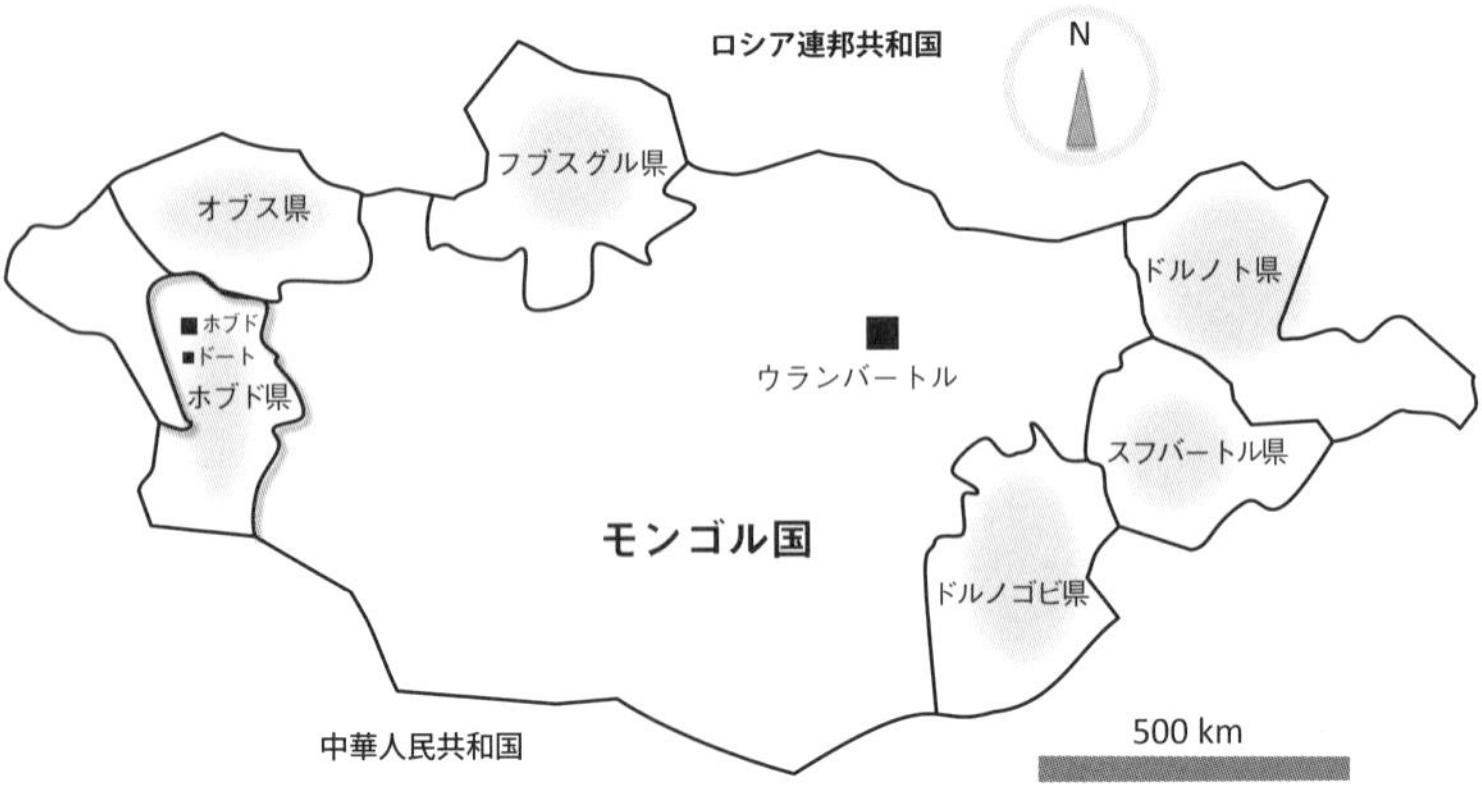

図6・6　調査地の地図

地に木工職人（*mujaan*）がかまえているものである。草原の遊牧民が木工職人を兼業している場合もある。職人たちは、注文に応じてゲルの骨組みを部品ごとに、あるいはセットで作る。

3　結婚と新ゲル

実際にゲルはどのように使用されているのかを、主に二〇一二年八－九月にホブド県ドート郡（図6・6）の牧畜地域での調査にもとづいて紹介する。調査時点でゲルに居住していた三〇代から六〇代の夫婦一七組にゲルの使用履歴をたずねた。夫婦の年代は調査時点の夫の年齢をもとにして記している。

まず、ゲルが販売されている場所はゲル工場、職人の工房や自宅、そして都市や県の中心地に常設されているマーケット「ザハ」である。価格は品質等によってさまざまであるが、たとえばゲル産地として有名なウブルハンガイ県の製造者がインターネット市場「Unegui.mn」（無料ドットモンゴル）に二〇一四年に出した広告には、新品の骨組み一式が八〇万トゥグルク（約四万七〇〇〇円）と提示されている。中古市場も発達しており、同サイトには四枚ハナ付きのゲルが二五万トゥグルク、大六枚ハナ付きが七〇万トゥグルクで売り出されている。[4]

表6・2　結婚時と調査時点に住んでいたゲルのサイズ

	ゲルのサイズ			合計
	小	中	大	
ハナの数（枚）	3-4	5-6	7以上	
結婚時（戸）	2	2	6	10
調査時点（戸）	6	6	2	14

新品のゲルの買い手は主に、息子が近く結婚する予定の両親である。モンゴルの居住単位は核家族で、夫婦とその未婚の子がひとつの世帯をなす。若いカップルが結婚するときには一般に新郎の両親が息子夫婦に新しいゲルを買って与え、草原ではこれを会場として結婚式を挙げる。結婚式を挙げるゲルをモンゴル語で「シン・ゲル」（*shine ger*：新しいゲル）とよぶ。最後に婚出する子の時には、若夫婦が新郎の親のゲルに同居しながら、親のゲルが若夫婦に家畜とともに時間をかけて譲渡されることもあった。

ドート郡の人びとが結婚した時と調査時に住んでいたゲルのサイズを表6・2に示した。ゲルのサイズに彼らの関する表現は多様であったが、ゲルを小中大の三つに分ける国家規格の分け方に準拠した。表6・2からわかるのは、結婚当初は大きなゲルに住んでいたが、その後に小・中サイズのゲルに住む夫婦が多いということである。この理由については後述する。

シン・ゲルのサイズとその入手方法について四組の夫婦の事例を示す。まず、一九七一年に結婚した男性は孤児であったために自分の給料で五ハナ付きのゲルを買った。二組目は、一九九〇年に夫の父母が五ハナ付きのゲルを、三組目は一九九一年に同じく夫の父母が六ハナ付きのゲルを、四組目は一九九三年に夫の父母が八ハナ付きのゲルを購入し、これを与えられた。次に、調査時点においてホブド県ドート郡で使われていたゲルのサイズの実測値の例を示す。五枚ハナ付きのゲルは直径約四五〇センチメートル、小六枚ハナ付きは約四八〇センチメートル、六枚ハナ付きでは約六〇〇センチメートルであった。ホブド県はゲルの国家規格の西部例外地域であるが、ドート郡におけるゲルの実寸値は、国家規格による同じハナの数のものよりも小ぶりであった。

［4］モンゴルでは、ゲルなどの大物の買い物では定価でなく交渉によって最終的な価格が決まることが多い。

表6・3　ゲルの部品の分類と名称

分類				名称			個数	素材	補修作業の頻度（年）		
MNS の分類		小分類		モンゴル語	読み	日本語訳			洗う	塗る	交換する
モンゴル語	日本語訳	モンゴル語	日本語訳								
mod	骨組み	*mod*	木	*hana*	ハナ	壁	3-8	木	-	0	20～
				haalga	ハールガ	扉	1	木	-	0～4	4
				toono	トーノ	天窓	1	木	-	1～2	n.d.
				bagana	バガナ	柱	2	木	-	n.d.	10～
				uni	オニ	天井の木	66-96	木	-	1～3	n.d.
burees	カバー類	*esgii*	フェルト	*tuurga*	トールガ	壁フェルト	夏3／冬6	羊毛	-	-	10～25
				deever	デーベル	天井フェルト	夏2／冬4	羊毛	-	-	20
				urh	ウルフ	天窓フェルト	1	羊毛	-	-	n.d.
		burees	カバー	*daavuu burees*	ダーオー・ブレース	木綿カバー	1	木綿か化繊の布	-	-	1～2
				brezent burees	ベルゼーント・ブレース	帆布カバー	0-1	帆布	-	-	～7
				tsuv	ツォウ	ゴム・シート	0-1	ゴム	n.d.	-	n.d.
				gyalgar tsaas	ギャルガル・ツァース	ビニール・シート	1	プラスチック	-	-	3～
		busluur	綱紐類	*hoshlon busluur*	ホシロン・ブスルール	幅広の綱	≧3	獣毛	-	-	n.d.
		chagtga	天井の綱	*chagtga*	チャクタカ	天窓の綱	1	ラクダ毛	n.d.	-	n.d.
		hushig	カーテン	*hushig*	ホシク	壁の化粧布	1	木綿か化繊の布	0.5～1	-	15～
				tsavag	ツァワク	天井の化粧布	1	木綿か化繊の布	0.5～1	-	18～

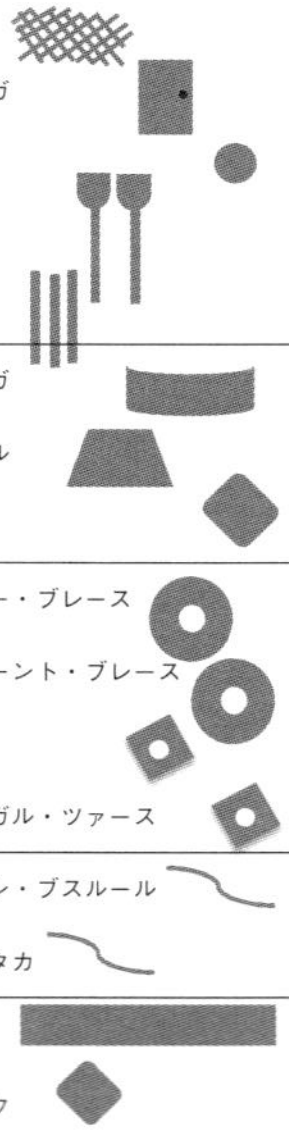

図6・7　オニ（左）とトーノ（右）（2011年、ウムヌゴビ県）

4　ゲルのメンテナンス

◉部品の補修と交換　ゲルはほかの住居と同じく、使っているうちに補修や部品の交換、そしてリフォームなどが必要になる。ゲルのメンテナンスについては、一セットのゲルについては最長で約四〇年間にわたる使用と補修のプロセスが記憶されていた。パーツを交換した時期については、子どもの学年などを引きあいに出しながら話してくれた。

ゲルの部品を表6・3に示した。ゲルの主な部品は一六種類あり、たとえば五枚ハナ付きで「オニ」（*uni*：天井の木）の数が八一本のゲルの部品の総点数は約一〇四点である。ゲルの部品は大きく骨組みとカバー類に分けられる。骨組みは木で作られた部品であり、カバー類には羊毛フェルト・布・綱紐類が含まれる。骨組みは西洋近代建築の構造、カバー類は内外装にあたる。デザインに注目すると、骨組みに含まれる「オニ」・「トーノ」（天窓）（図6・7）・「バガナ」（柱）、カバー類に含まれる「ホシクー」（壁の化粧布）、紐綱類に含まれる「チャクタカ」（天窓を引っぱる綱）は装飾性が高めである。オニ・トーノ・バガナ、とくにトーノにはオレンジ地に原色の多色ペンキで伝統的な模様が描かれることが多い。ホシクには、花柄の生地に吉祥紋のアップリケを施したものなどファ

図6・8　夏の暑い日にめくられたゲルの裾。破れたフェルトが見えている（1998年，トゥブ県）

ンシーなデザインが見られる。これに対して、外装、とくに一番上にかぶせるブレースは白色とシンプルである。

　部品の補修と交換について、作業コストの少ない方から「洗う」「塗る」「交換する」の三つに分けて、その作業頻度を表6・3に示した。ハナ以外の骨組みは数年に一度ペンキを塗り直す。ハナは白木のままであるが、ほかの骨組みはみな基本的にオレンジ色のペンキが塗られる。内装の布類は秋に洗濯する。春と秋に二回洗う世帯もあった。外装のカバー類はフェルトを水濡れと日焼けから守るが、とくに一番上にかぶせるブレースは日焼けもしくはヤギに食われて破れることが多く、ほぼ毎年交換される。もっとも長持ちするのはデーベル、つまり屋根にかぶせる天井フェルトである。フェルトは一般に虫に食われなければ長持ちするが、天井フェルトと比べて壁フェルトは雨や土砂の影響を下から直接に受けるのでいたみやすい（図6・8）。このほかに、いたんだ骨組みの補強（図6・9）、木を連結する牛革紐の部分的な交換、フェルトの穴へのつぎあてなどの作業がある。

◉新素材の取りいれ　部品を交換するときには、もとの状態に戻すだけでなく、より高機能な素材や仕様の部品の取り入れがおこなわれる。調査時点で使われていた部品の素材を表6・3に示した。骨組みの木・フェルト・綱紐類はモンゴルの自然や畜産物から得られる素材

図6・9　いたんだハナ（壁）を補修する
（2012年、ホブド県）

で作られている。これに対して外装のブレースは中国製の木綿が主である。一九一三年頃のステファン・パッセの写真（図6・3）には、白い木綿のブレースで覆われたように見えるゲルが奥に、黒っぽいフェルトで覆われたゲル二つが手前に写っている。

現在、多く使われている木綿のブレースは毎年交換が必要な消耗品である。これ以外に、さまざまな新素材のブレースやカバー類が販売されている。そのメリット・デメリットを検討しよう。まず、近年注目され始めているのが、丈夫で軽量な化繊の新素材のブレースであり、これは日焼けに強くて二年もつ。価格は、木綿のブレースが一枚四－五万トゥグルク（約二三五〇－二九〇〇円）なのに対して、新素材ブレースは約八万トゥグルク（四七〇〇円）と高価な点がネックである。それ以前から、「ベルゼーント・ブレース」（帆布ブレース）があった。帆布は雨からフェルトと居住空間を守るのに最適な素材であり、耐久年数が七年以上と長いが、木綿よりも価格が高いことに加えて、重く、かさばるので移動に不便であった。ブレースを補助する部品として、二〇〇〇年前後から普及してきた「ギャルガル・ツァース」（ビニール・シート）がある（図6・10）。これは雨よけであり、フェルトの上、ブレースの下にはさむ部品としてゲルの構成に新たに加わっている。帆布とビニールはともに雨への耐

図6・10　ゲルにビニール・シートをかける。
この上に木綿のブレースをかぶせる（2004年、ザブハン県）

性が高い。生地の厚い帆布は保温効果も高くて冬向きであり、ビニール・シートは軽量なので移動の多い夏向きである。

軽量化は遊牧民の住居とその部品に重要な課題である。新素材を取り入れることでゲルの軽量化をはかった例を示す。

〈事例一〉新素材による軽量化

Uーは、天井フェルトの上にビニール・シートをかけ、その上から帆布ブレースをかぶせている。だから、フェルトは夏にも冬にも一重、つまり屋根二枚と壁三枚の合計五枚だけで済ませている[5]。ビニールと帆布はゲルを暖かくし、雨水に強く、フェルトよりも軽く、かさばらないのでよい。

フェルトの中にも新素材がある。フェルトの種類は大きく「手製のフェルト」と「工場製のフェルト」とに分かれ、「工場製のフェルト」のなかには「水フェルト」と「針フェルト」がある。重さは、手製、工場製の水フェルト、工場製の針フェルト、の順である。

手製のフェルトの作り方は別稿に譲る［風戸二〇一一a、二〇一一b、Kazato 2012］。工場製のフェルトは革命後約一〇年が経った一九三〇年代から作られ始めたもので［モンゴル科学アカデミー歴史研究所 一九八八（一九六八）］、生産工程の一部が機械化されている。工場製の水フェルトと手製フェルトの作り方の原理は同じで、熱と水分と摩擦で羊毛のキューティクルを開かせて絡みあわせる。これに対して針フェルトは、羊毛を化学洗浄して脱脂してから、返しのついた針で羊毛をくり返し刺すことで絡ませる。工場製のフェルトのなかでも針フェルトは密度が低いためにきわめて軽量である。

以下に、手製のフェルトと工場製のフェルトに対する評価の事例を示す。

〈事例二〉手製のフェルトと工場製のフェルト

Ｍｘは、夏は工場製フェルトのみ、冬にはそれに手製フェルトを重ねている。未熟に作った手製のフェルトよりも工場製の方が高品質で耐用年数が長い。なによりも手製フェルトは重く、移動のさいに負担が大きい。父はフェルトを自作していたが、自分は工場製のものを買った。

ゲルの部品の素材に関する信念は人によって異なるが、遊牧民にとってゲルの部品の重さは移動に使う自動車のガソリン代に直結する。このため、親からもらった手製のフェルトを季節限定大切に使いながらも、それらがいたんだ時には、より軽い新素材が求められている。

◉ゲルの縮小　ゲルの部品を補修する過程などでゲルの部品を切断することがある。部品を切断するとゲルのサイズが小さくなる。一部の部品を縮小するとゲルがゆがんで強度が低くなるため総合的に調整する。たとえば、オニを切ればハナを抜く、ハナを切ればオニも切り、トーノを小さいものに交換するなどである。

結婚時と調査時点でのゲルのサイズ変化がわかった世帯が一一ある。その内訳は、小さいゲルに住みかえたものが五世帯、部品を切ってゲルを縮小したのが四世帯、破損によって部品を差しかえて縮小した世帯が一世帯、同じゲルに同じサイズのままで住み続けているものが一世帯あった[6]。以下に、部品を切るなどしてゲルを小さくした具体例を示す。

［５］一般的に、ゲルのフェルトは夏には屋根に二枚、壁に三枚であり、冬には二重にして屋根に四枚、壁に六枚を重ねる。

［６］調査期間が秋であったため、移動に便利な夏用の小ゲルに住んでいる人が多かった。彼らは、それとは別に一つの冬営地に長く滞在するための居住性の高い大ゲルを所有していると語った。

〈事例三〉ゲルの縮小

Ｅｋは一九九五年に結婚して七枚ハナ付きのゲルを親からもらったが、一九九七年にハナを六枚にした。ゲルが大きくてストーブを焚いても暖まらないので、天井のオニを切って短くすると同時に、ハナを一枚外した。

ゲルを縮小した理由としては、暖房コストのほかに、移動コストを下げる、風への耐性を上げる、摩耗した部分を切断して歪みを整えることがあげられた。風でゲルが倒れ、オニとハナが折れたために耐風性の高い小型の部品に買い換えた人もいた。では、なぜ結婚時のゲルは大きいのだろう。その理由を事例に依拠して考えたい。

〈事例四〉結婚式の大ゲルとゲルの縮小

Ｔｓは一九七三年、父が買ってくれたゲルで新婚生活を始めたが、仕事の関係で定住区に入ってゲルを倉庫にしまった。その後、二人の息子をさずかり、彼らが結婚するときのため、少しずつゲルの部品を買いためた。息子Ｂｓには大ゲルを用意して結婚式をあげさせたが、Ｂｓは結婚翌年の一九九九年に小ゲルに移ってしまった。息子Ｎｍにも大ゲルを買ってあげたが、Ｎｍも大ゲルにはいつかず、結局これを縮小してＴｓ自身が住んでいる。

親たちは息子を結婚させるとき、つまり結婚式の当日に大ゲルを会場として挙式し、大勢の客にゲルをお披露目する。親たちは、キャパシティーの大きなゲルを立てて大勢の客を招き入れ、大きな宴を設けて見栄をはりたいのだと思われる。しかし、多くの場合、若夫婦は結婚後数年で燃費や移動コスト等を考慮してゲルを小さくする。そのさい、親が小ゲルのパーツを余分にもっていればそれをもらって二軒目として小ゲルを立てることができる。だが、予備がなく、自分で二軒目を買う経済的な余裕もなければ、親のくれた大ゲルにのこぎりを入れてオニやハナを縮小する。大きなゲルが必要になれば、またその時に部品を買い集めるのである。なお、住居のサイズが異なれば、家具のサイズも異なる。大ゲルには大ゲルのための家具一式があり、小ゲルには小さいサイズの家具一式がある。

5　機会主義的な生き方を具現化する住居

これまでに、ゲルに住むということを一七組の夫婦のゲル使用履歴、とくにサイズの変化を中心に記述してきた。この節では、ゲルという住居のサイズの変わり方および住居と人間との関係に注目して、現代モンゴル人の生活戦術を議論したい。

まず、これまでに述べてきたことをまとめると、現代のモンゴル国では、多様なサイズのゲルが使われていること、そしてまた、ひとつのゲルのサイズが変わっていることがわかった。ゲルの使用開始は結婚、つまり新しい世帯の創出時点であり、シン・ゲルは新郎の親によって用意されていた。結婚式から数年経つとゲルのパーツには補修・改変・交換がほどこされ、新素材を取り入れることも広くおこなわれていた。そのさい、天井の骨組みであるオニの切断や壁であるハナの抜きとり、そして、それらに合わせて天窓であるトーノの交換などにより、全体のサイズが縮小されるゲルが多くあった。居住空間の縮小は暖房効率を上げ、また、小さなゲルは風に強く、かつ移動の費用が少なくて済むというメリットが認識されていた。なお、人びとは、ゲルの各パーツを改変・交換した年月を、家族の成長と重ね合わせて記憶していた。

ゲルのサイズの調整やパーツの交換の容易さを支えているのは、ゲルの構造のシンプルさ、注文生産をおこなう木工職人の存在に加えて、現代のモンゴル国においてはゲルのサイズおよび仕様が国家規格によってある程度、統一されているという事実であろう。ゲルの構造はシンプルで標準化されており、パーツの改変・交換によって居住空間を拡大したり、縮小したりできる住居なのである。

ゲルの補修と部品の交換において重視されていたのは、移動のしやすさである。モンゴルの人びとはその人生において、草原だけでなく都市や定住地を含めた広い範囲を遊動する［風戸 二〇一四］。ゲルは、モンゴルの自然・社会環境のもとで遊動的な生活をするのに適応したモノであり、居住者のライフステージの変化に合わせて、時間と場所を超えて移築しながら住み続けられる柔軟性を備えているのである。

私が強調したいのは、ゲルの空間的な移動性に加えて、時間的な変化にも対応しうる二重のフレキシビリティーである。ゲルというモノの時空間に対するフレキシビリティーには、モンゴル人の「機会主義的」な生き方が映し出されているように思われる。ゲルでの暮らしは「固有の土地」に立脚せず、ゲルの構造には住み手の個人的な都合や社会の状況変化に応じてサイズを変えられる「機会依存性」が備わっているといえる［ド・セルトー 一九八七：一〇一–一〇二］。言葉をかえれば、ゲルの時空間的なフレキシビリティーには、モンゴルの人びとが自然・社会環境の変化に対応しておこなってきた居住実践の積み重ね、あるいはその総体としての生活戦術が具現化されていると考えられるのである。

【付　記】

本研究は、ＪＳＰＳ科研費 90452292「生産現場における人とモノの関係性にみる社会主義経験の多様性と普遍性」（研究代表：風戸真理）、平成二三年度～平成二六年度（若手Ｂ）の助成を受けたものです。

【参照文献】

井上岳彦　二〇一四「カルムイク人はどのように定住したのか」楊海英［編］『中央ユーラシアにおける牧畜文明の変遷と社会主義』アフロ・ユーラシア内陸乾燥地文明研究叢書八、名古屋大学大学院文学研究科比較人文学研究室、一四七－一六〇頁。

今村　薫　二〇一一「遊牧民トゥアレグの伝統的な住居」『名古屋学院大学論集（人文・自然科学篇）』四八（一）：九－一八頁。

風戸真理　二〇一一ａ「母フェルトがはぐくむフェルト一―モンゴル国ドンドゴビ県の壁フェルト作り」『染織情報α』、二〇一一、九：二－三頁。

風戸真理　二〇一一ｂ「母フェルトがはぐくむフェルト二―モンゴル国ザブハン県の壁フェルト作り」『染織情報α』二〇一一、一一：四－五頁。

風戸真理　二〇一四「草原と都市を往還するノマド―二〇世紀モンゴル国における居住地と職業選択」楊海英［編］『中央ユーラシアにおける牧畜文明の変遷と社会主義』アフロ・ユーラシア内陸乾燥地文明研究叢書八、名古屋大学大学院文学研究科比較人文学研究室、一四七－一六〇頁。

曹栄梅　二〇一四「ホルチン地域の住居「土ゲル」」楊海英［編］、『中央ユーラシアにおける牧畜文明の変遷と社会主義』アフロ・ユーラシア内陸乾燥地文明研究叢書八、名古屋大学大学院文学研究科比較人文学研究室、一一九－一四五頁。

ド・セルトー・Ｍ（山田登世子［訳］）一九八七（一九八四）『日常的実践のポイエティーク』国文社（de Certeau, M. 1984 *The Practice of Everyday Life*. Berkeley, CA: University of California Press）。

那木拉（Namula）二〇一二「ゲルの変遷と空間変化―ゲルから固定家屋へ移住を考察して」竹井秀夫［編］『空間を記述する　千葉大学大学院人文社会科学研究科　研究プロジェクト報告書』二四一：六五－八九頁。

浜田邦裕　一九九三「移動建築論」INAXギャラリー企画委員会『遊牧民の建築術―ゲルのコスモロジー』ＩＮＡＸ出版、五二－五七頁。

マイダル・Ｄ（加藤九祚［訳］）一九八八（一九八一）『草原の国モンゴル』新潮社（Maidal, D. 1981 *Pamyatniki Istorii I Kulitury Mongolii*, Izdatelistvo Mysly）。

モンゴル科学アカデミー歴史研究所［編］（二木博史・今泉博・岡田和行［訳］、田中克彦［監修］）一九八八（一九六九）『モンゴル史１』恒文社（BNMAU-yn ShUA-iin Tuuhen Hureelen, Bugd Nairamdal Mongol Ard Ulsyn tuuh. Gutgaar boti, nen shine ue）。

Baatarhuu, B., & Odsuren, D. 2014 "Mongolyn Nuuts Tovchoon" dahi ger, oron suuts, In Baatarhuu, B., &

Odsuren, D. (eds.) *Chingis Haany tursun gazaryn ner "Deluun Boldog" mun uu?*, Ulaanbaatar, Admon. pp. 53–66.

Kazato, M. 2012 The Felt Making Process and Social Relationships in Mongolia Using The Ehe Esgii (Mother Felt), In Proceedings of the 10th International Congress of Mongolists, *Volume III Mongolia's Economy and Politics*. International Association for Mongol Studies, Ulaanbaatar. pp.246-249.

Mongol Ulsyn Standard. 2003 *MNS 0370:2003 Geriin mod.*

Mongol Ulsyn Standard. 2008 *MNS 0296:2008 Geriin esgii.*

Mongol Ulsyn Standard. 2003 *MNS 0370:2011 Mongol ger.*

National Statistical Office of Mongolia. 2013 *Mongolian Statistical Yearbook 2012.*

N-SG (Niisleliin zasag dargyn heregjuulegch agentlag. Statistikiin Gazar). 2012 *Niislel hot-2011 ond, Alban esny bolon zahirgaany statistikiin medeelleer beltgesen taniltsuulga, Statistikiin taniltsuulga.* Ulaanbaatar. pp.8–9.

第7章　フィールドワークの終わり、フィールド哲学のはじまり

――身体の根源的受動性と変容可能性から

松嶋　健 *Matsushima Takeshi*

1　はじめに

菅原和孝の手になる詳細なグイの民族誌を読んでいると、そこに、様子はかなり違ってはいるけれども、ある意味で私たちのものと似た生活世界が立ち現れてくるのを経験する。これは驚くべきことではないだろうか。他者をロマンチックにであれ冷淡にであれ他者化することはありふれている。そもそも人類学はエキゾチズムと切り離すことのできない学問であったが、菅原の仕事はそうしたわかりやすい魅惑を打ちこわす。

代わってそこには別の魅力が現われる。それはわかりやすいとは到底いえないけれども、生活世界の奥行きの深さに対する目眩のような感覚を呼び起こす。しかしそれとともに、彼はなぜ遠く離れたアフリカの原野でこうした日常の生活世界の分析に打ち込んでいるのだろうか、という思いに囚われることもある。その思いは、人類学にふれたものならおそらく一度は問うであろう問いにつながっている。すなわち、なぜフィールドに赴くのかという問いである。

人類学者なら誰であれ、少なくとも二つのフィールドをもっている。それは研究のフィールドと普段自分が生きている生活世界である。人類学者が仕事をするのはこの二つの場のあいだにおいてなので、普段の生活世界もまたフィールドとなる。ただこの側面はあまり表に出てこない。けれども菅原の思考にはこの二つのフィールドの往還がくっきりと印されている。グイの人々のもとでフィールドワークを行なっているとき、そこにはいつも日本に残してきた家族、とりわけ「自閉症」である息子の

ゆっくんの存在が感じられる。それは彼のコミュニケーション研究にとっての動機ともモチーフともなっている。

そこであらためて先の問いが頭をもたげる。人はなぜ、ある生活世界を出て別の生活世界に棲みこもうとするのか。だが、始まりは人それぞれ違っているだろう。だから本当はこう問うべきかもしれない。フィールドワークはいつ終わるのか、と。

人類学の目的は他者を理解することだといわれる。だが理解というのはどこで終わるのか。人類学的な理解のあり方が、他者の生活世界のなかに入っていきそこで生活をともにすることで時間をかけて生じてくるようなものだとすると、それはなにをもって終わったということができるのだろう。

人類学は「フィールド哲学」であるべきだと菅原はしばしば語ってきた。それは、「フィールドでの観察と経験が「わたしがこうして存在していること」の不思議さを照らすことを求めると同時に、そのような不思議さの感覚が新しい観察への原動力となることを求める」契機になるということだ［菅原 二〇〇二：二〇］。これはつまり、フィールドワークがある時点で終わったとしても、そこからフィールド哲学の営みが立ち上がり、それがさらなるフィールドワークを呼び寄せることを示唆している。この小論は、当り前にみえる生活世界を了解するために気の遠くなるような道程を歩んできた菅原のいう「フィールド哲学」としての人類学的営みについて、彼のフィールドワークに対する独特の考え方を手がかりとしながら筆者なりに素描しようとする試みである。

2　身体の変容可能性

◉方法としての身体　フィールドワークとは何よりもまず、自らの身体をもってフィールドに入っていく営みである。だから身体が決定的に重要である。自分が「この身体」をふりほどくことができないということ、しかもそれは他の誰とも異なった身体であり同時にまたいかほどか似ている身体でもある。すべての出発点はここにある。

人類学の伝統においては、モースの「身体技法」以来、ブルデューの「ハビトゥス」やショルダッシュの「身体化」［Csordas 1990, 1994］など、様々なかたちで身体が問題とされてきたが、そこには対象として問われている場合と方法とされている場合とが混在する。それはわれわれが「身体である」ことと、モノや道具のように「身体を使う」ことができるという身体そのものの両義性に由来するのだが、フィールドワークで重要なのは、身体を方法とすることである。

フィールドワークとは何かについて菅原は端的に、「みずからの身体を、長い時間をかけて変容させること」だという［菅原 二〇〇四：i－ii］。これは奇妙な規定ではないだろうか。通常、人類学的フィールドワークの目的は他者を理解することにおかれる。菅原自身も「グイの人びとと共に暮らすことによって、かれらの生きかた、ものの考えかた、感じかたを理解しようと努めた」と書いている。だがそのための方法が、自らの身体の変容にあるというのはどういうことなのか。

　問われるべきは、何かを知ったり理解するために「自らの身体をもってする」とはどういうことなのかということ、さらにそうした理解の効果として、あるいは理解そのもののあり様として「自らの身体が変容する」とは何を意味するのか、ということである。

　そこでまず「フィールド哲学」の基本姿勢を見ておこう。

> ――おまえにとってもっとも確実な事柄にのみ依拠せよ。おまえの経験の直接性に基づいてのみ判断せよ。もっとも確実なことはおまえがいま知覚していることであり、もっとも直接的なことはおまえが「この」身体として存在していることである。
> ［菅原 二〇〇二：二〇］

一見素朴な経験論にみえる。経験の直接性なるものがはたして本当に確実で直接的なものなのか、と疑うのは正当である。だがそうした疑いや批判を考慮してもなお、「この」身体を根拠とし方法とすることには深い意味があるように思われる。

　菅原のいう「唯身論」は何よりまず現象学的なアプローチであり、身体以外のものは括弧に入れられている。その括弧はいずれ再び開かれなければならないが、そこで一旦括弧に入れられているものに「制度」がある。制度とは菅原にとって「わたし以外の他者によってすでに決められたこと」であり、対して身体は、「わたしがこの身体であることを、だれかが決めたわけではない」ものとして現れている。だからそれは「人が決めたこと」の手前にある自然、「自ずから然り」の次元に見出される［菅原 二〇一〇：二六三－二六四］。もちろん、身体は社会的に制度化されているわけだが、その根底には制度化の手前の自然の次元がある。[1]この次元について身体が変容するということを通じて考えてみよう。

◉身体の変容　身体の変容には様々なスパンのものがある。例えば、筆者のフィールドであるイタリア、そこで長く暮らすことによって起こってくる変容がある。だがその前にまず、日本から着いて数日のうちに起こる変化がある。例えば、声が大きくなる、尿や便の匂いが変わる、皮膚の感覚が変わるといったことである。そして大体一週間以内にほぼ必ず熱が出る。その熱がひくと自分の身体のモードが変わったという感覚になる。

以降の変容はより緩やかなもので、身体が新たな環境に馴染んでいく過程である。気づくと身ぶりが大きくなっていて身体が日本にいるときより拡張した感じになっているし、ものがくっきりとした輪郭をもって見えるようになる。食べ物の好みも変わり、本を読むのが（それが何語であれ）難しくなったりする。

ここから三つの論点を取り出すことができる。まず根源的な受動性。身体の変容は自分の意志を超えている。あるフィールドに行くことは意図的になせるが、そこで意志されているのは「身をまかせる」ことなのだ。いわば受動的であることが能動的に選択されている。

さらに、身体が変容するということは、現に実現されているこの身体のあり方とは別様でありうる可能性が身体自身に内在していることを意味する。身体にはその潜勢態の次元があり、それを含めた錯綜体こそが「身」と呼ばれる[2]。身の現勢態が社会的に構築されるものだとしても、身が錯綜体としてあること自体は自然の次元に属している。

第三の論点として、環境が変わると身体が変わるというのは、身体が環境に働きかけるのみならず環境が身体に働きかける位相があるということであり、こうした身体と環境の相互的構成の結果として、異なる身体に応じた異なる環境や現実が立ち現れる可能性を示唆する。例えば人類学者のロバート・マーフィーはこう書いている。

> 現実とは、誰にでも不変の〝しっかりした固いもの〟などではなく、他の人々との相互関係の中でつくられつくり直されていくような共感性的で社会的な構成物のことなのだ。人間が世界を把握する仕方についてのこうした相対主義的な見方に立つと、異なる文化に属する人々はみなそれぞれある程度異なる現実を生きていることになる。同時に同じ文化の中にあっても、根本的に異なった境遇の中に生きているものにはまた別の現実が想定されねばならない。異なった境遇――例えば、歩けない人間たちの場合だ。［マーフィー 一九九七：一三〇－一三一］（傍点原文）

ここで重要なのは、異なる身体を有しているということ（例えば「両足がない」「目が見えない」というように欠損として表現される身体）が即、異なる世界の存在を意味するのではなく、異なる身体は他者や環境と異なるインタラクションを行なうがゆえに違う世界が生成するという動的な循環構造である。こうした循環構造の一方の極にある身体が消されることによってのみ、客観的な「現実」が外延的なものとして仮構される。

人類学においても、観察者の身体の現前を消すことによって、価値中立的な客観性の見かけを担保し、科学として受け入れられるよう努力してきた過去がある。そこでは、身体と結びついた情動や感情は主観的なものとして文学や日記のなかに押しこめられてきたのである。だが身体は世界を構成する循環構造の一方の極にあり、身体を方法とするというのは、その現前を決して消去しないということである。それは「この身体」によって定位されるほかない「ここ」に徹することを軽々しく手放さないという構えである。

◉身体という自然　ヴィヴェイロス・デ・カストロ（以下、ＶｄＣ）は、相対主義的な多文化主義を転倒し、一つの文化に対して複数の自然という多自然主義を提唱するが、その根拠となっているのがパースペクティヴィズム（遠近法主義）である。これはもともと幾何学や光学と結びついてルネサンス期に発明された遠近法を転義的に用いつつ展開された哲学における立場であり、いかなる認識も主観性をまぬがれないとする主観主義的な認識論である。ＶｄＣはそれを存在論にまで徹底させようとする。見る場所によって一つの世界が異なる相貌を見せるという視点の相対性ではなく、異なる身体を生きていることが異なるパースペクティヴの源泉とされる。こうして、文化によって世界の見方が変わるという相対主義は「絶対化」され、異なる身体をもつ者は異なる世界を生きているのであり、だから世界は身体の多様さに応じて複数存在するのだとされる［Viveiros de Castro 1998, 2004］。

［1］これは、セックスさえも社会的に構築されているといくらいったとしても、現に性器があるということの自然には届かないのと同様のこととしてひとまず考えてよいだろう。問題なのは、そうした自然そのものに内在する制度化をどう考えるかである。メルロ＝ポンティの「制度化（institution）」［Merleau-Ponty 2003］の概念には、そこまでの射程が含まれている。自然における制度化は、構造化と呼ぶほうがわかりやすいかもしれないが、自然／社会という区分をたてないで考えるというのが、メルロ＝ポンティの「制度化」のポイントであろう。

［2］潜在的な次元を含んだものとしての〈身〉という考え方は、市川浩［一九九三］を参考にしている。そのなかで市川は、構造化された潜在性であるところの「錯綜体」として〈身〉を捉えているが、これはポール・ヴァレリーの「錯綜体（l'Implexe）」の概念に由来している。

パースペクティヴは「視点」ではなく「見え」であるが、ただこうした視覚的なメタファーは混乱を招くもとだと思われる。なぜなら「ここ」や「あそこ」といった直示的な場所の概念は、たとえ目が見えなくとも、自分が「この身体」であるという根本条件によって可能になっていると考えられるからである。[3]

これが多「自然」主義と呼ばれるのは興味深い。世界観のような「見え」としての文化ではなく、文化の手前の自然の次元が身体の自然と呼応していることを示唆しているからである。この議論はユクスキュルを髣髴とさせる。このカント主義的生物学者によると、厖大な差異を示す生物はそれぞれの身体に応じて環境を創造し、同時にまた環境が身体を規定する。こうした身体と環境の循環的相互規定によって、「それぞれの動物を取り巻く、われわれのそれとはまったく異なるひとつの新しい世界の環が閉じ完成する」のだ［ユクスキュル 二〇一二：一二一‐一二二］。

ここには多自然主義というよりは自然の多元性というべき考えがみられるのだが[4]、重要なのは、自然が一か多かというとき、実際には何が問題になっているのかを問うことである。外側から数えられるような多と、多元性の多では意味が違う。多自然主義をめぐる混乱は、「異なる身体」という自然があたかも数えられるような多として絶対化されているようにみえる点に由来するだろう。

この点に関してVdCが紹介している南米先住民のエピソードがある。

> アメリカ発見の数年ののちに、大アンティル諸島では、スペイン人が原住民が魂をもっているかどうかを調べるために調査団を派遣したのに対して、原住民たちは、かれら白人の死体が腐敗を免れるものか否かを長い間見届けて確めるために、白人の捕虜を水葬にすることにしたのである。
> ［レヴィ＝ストロース 一九七〇：一八］

これは自文化中心主義は西洋人だけのものではなくまさに当の野蛮人のものだという文脈でレヴィ＝ストロースが言及している話なのだが、多自然主義の話として読むことも十分可能である。自分たちと違って腐敗しない身体をもつ者は人間ではなく別の存在だとみなすような、五百年以上も前の迷信じみたエピソードはしかし、今や奇妙なかたちで現実化しつつある。

カトリックが大多数を占めるイタリアでは、遺体は棺に入れられて土中に埋められ、十年ほどたつと掘り返され骨だけが一箇所に集められるのだが、最近の遺体は十年すぎても腐敗していないものが多いという。それでさらに十年、十五年してからまた掘り返すという作業を行なわなくてはならなくなっているそうだ。まるで聖人のごとく腐敗しない死体というわけである。

日本でも同様のことが起こっているというのは葬儀屋から聞いた。以前なら亡くなってから火葬するまでのあいだ棺桶のなかにドライアイスを入れていたが、最近では普通の氷で十分事足りるという。遺体が腐敗しにくくなっているからである。こうした現象は、おそらく食品添加物に含まれている保存料などが体内に蓄積された結果、内側からの腐敗がなかなかすすまなくなっているからだと推測されるが、さらには老化を防ぐための抗酸化物質の効果もあるかもしれない。

この話をしたのは、「異なる身体」といってもそれが絶対不変のものではなく、変容しうる身体だということをいわんがためである。VdC自身、「異なる身体」は生理学的な差異ではなく、諸々の'affect'の差異のことだと述べている［Viveiros de Castro 2004］。ここでの'affect'とは「性向」や「傾向性」といった意味である。それは、何を食べるか、どう動くか、どのようにコミュニケーションを行なうか、どこに住んでいるかであり、その意味で身体は精神と区別される固定的なモノではなく、変容可能性を秘めた'affect'の束なのである。

だとすると、保存料入りの食品を食べ、老化に抗するための様々な手立てを講じることで生み出される「腐敗しない身体」が、腐敗する身体と比べていかに違う世界を生きているのかまことに興味深いところである。実際われわれの身体は食べた物を消化し同化することによって日々再生産されているのであるから、食べる物の差異が'affect'の差異としてどのような現実を作り出すのかと問うのは、それほど奇妙な問いではないように思われる。[5]

◉食と可傷性

菅原が描くグイの生活誌には、ものを食べるシーンがよく出てくるのが印象的だ。それは、食べなければ生きていけないという人間の根本条件から

［3］ちなみに日本語の場合、「あなた」「おまえ」「かれ（もとは「あれ」）」といった人称語も、多くの場合、「この身体」をもとにした場所的な直示表現になっていることは大変示唆深い。

［4］ユクスキュルの研究が多元性を指向した背景には、ダーウィン的進化論、とりわけその系統樹の一元性による多元性の抑圧の問題があった。例えば彼が、ナポリの臨海研究所にいた時期に研究していたウニは、体制そのものが分散システムとなっていて、「進化」では捉えられない多型性を有しているという。ユクスキュルは、「進化」ではなく「複雑化」こそが問題だと考えていたが、こうした多元的生物観の背景として多神教的な心性を見出しうることも指摘されている［ユクスキュル 二〇一二 訳者解説］。

考えようとする生態人類学の考え方を彼がしっかりと受け継いでいるからだろう。

哲学者のレヴィナスもまた、ハイデガーの「現存在は、飢えというものをまったく知らない」として、道具の使用が向かう最終目的としての享受、すなわち食を重視していた［レヴィナス 二〇〇五］。世界は道具である前に糧であり、手よりも前に口に対して立ち現れている。飢えるからこそ労働せねばならないのであり、だからこそ食が喜びともなる。食べることは生きることそのもの、享受であり、糧の他性を自己に同化することである。

だが食べることは自己を養うことにつきるわけではない。それは同時に、他なるもの、外なるものが自己の内部に侵入し、傷つけ、変えてしまうことでもある。フィールドでその土地のものを食べることで、身体は文字通り変容する。そしてその変容はときに傷や痛みを伴う。イタリアから日本に帰ってくるたび、筆者は行きつけの鍼灸師から「胃が痛んでいますねえ。イタリアに行ってましたか?」と指摘されるが、そこには食べることが傷つくことでもあるという事実が示唆されていよう。

レヴィナスはこれを、傷つきやすさ、可傷性（vulnérabilité）という言葉で語っている。それは、身体が志向性をもって行為するものである前に感受性としてあるということにほかならない。消費の観点からは所詮他性を同化しているようにしかみえないものが逆に、他が自己のなかに宿っており、他こそが自己をつくりかつ傷つけるという次元を照らし出す。

それはつまり、「この身体」であることがどうしようもなく私であるということと、身体が他者との結び目となって私を変えていくということが同時に成立するということである。フィールドで身体が変容していくという経験はまさにその証左であろう。

> この受動性は、あまりにも受動的な受動性なので、それ自体が霊感、すなわち息を吹き込まれることと化すほどなのだ。霊感とは言い換えるなら、同のなかの他性にほかならない。
>
> ［レヴィナス 一九九九：一六六］

◉身体の根源的受動性を通じて　食における享受と可傷性は、身体の根源的な受動性つまり自然の次元を示している。いかなる受動性よりも受動的なこの受動性は、自分の身体を動かすことができるという能動性そのものにも内在している。レヴィナスはいう。「身体性の運動は疲労であり、その持続は老いである」と［レヴィナス 一九九九：一四一］。疲れて足が重くなったり、腕がいうことをきかなくなったりするのは、自然の次元の顕在化である。「自分自身に反して」動けないこと、醜いこと、眠りこんでしまうこと、そして老いていくことは、「自分自身に合わせて」美しくあろうとすること、若くあろうとすることに抗する身体の自然である。腐敗しない死体とは、この自然さえも自分自身に合わせようとする欲望の産物であろう。だが、「忍耐するがゆえに、老いるがゆえに、生は、生に反した生なのだ」とレヴィナスがいうとき、私が身体であることの最も深い受動性が呼び起こされている［レヴィナス 一九九九：二三二］。

こうした根源的受動性を受け入れることは、諦めではない。自身、「麻痺する身体」を生きたマーフィーはいう。「私のからだはひどく損なわれていたが、しかし私の生命がその分減ってしまったかというとそんなことはない。残された機能をフルに使ってやっていくしかなかった。そのうち私はふと気づいた。これは結局のところ、普遍的な人間のありようにすぎないではないか、と。人間は誰だって与えられた限界の中で、何とかかんとか生きていくしかないのだ。（中略）こうみれば、誰もがある意味では障害者なのだ」［マーフィー 一九九七：八八－八九］。

誰もが障害者であるというのは、誰しも何かを欠損しているということではなく、誰であれ身体の根源的な受動性を生きるしかないという「自分自身に反する」生の根本条件を指している。それは同時に、「この身体」でしかないということの根に降りていくことで、同のなかの他を霊感として見出すことなのだ。こうして純然たる受動性を通して、いわば「自然の能動性」[6]が私の身体において中動態として立ち上がる。身体がこのように触発され変容することを通して、「異なる身体」をもった他者の「異なる世界」を了解する可能性が開かれる。

だからパースペクティヴィズムは主観的な認識の牢獄ではないし、「異なる身体」をもった当事者の経験を絶対化するものでもない。精神病理学者のブランケンブルクは、同じ語を使いながら、主体が特定のパースペクティヴに固定されていることとしてのパースペクティヴィズム（Perspektivismus）と、自発的なパースペクティヴ変更の可能性を包含したパースペクティヴ性（Perspektivität）

［5］この点に関連していると考えられるものとしてスローフード運動がある。北イタリアで誕生したこの運動は、食が現代世界の政治経済的な構造をかたちづくるうえでどれほど大きな影響力をもっているかという認識のもとに、食を通して世界を変えていく実践をしている運動だということができる。この点については松嶋［二〇一四b］を参照。

［6］中動態については、松嶋［二〇一四］の第6章「〈演劇実験室〉と中動態」を参照。

とを区別している。

現実との病理的ではない関係とは現実がまさに一つではないというところに存するのに、精神病者の妄想はパースペクティヴの可動性不足の病理ではないかと彼は主張する。それを克服するには、動きのなかで視点の交代を通じて不変なものを現実として認めるのみでは不十分であり、他者のパースペクティヴを自己のそれと「共に作動させておく」ことによってはじめて可能になる［ブランケンブルク 二〇〇三a］。

そのとき、偶然性を取り入れることでパースペクティヴの変更が可能なのは、まさに身体が錯綜（さくそう）体だからである。重要なのは、こうした身体の変容をわれわれが感じられるということである。身体が変容可能であるということと、その変容を感受できるということの両方があってはじめて、われわれは何かを経験し了解しうる。これこそまさしく身体を方法とすることの内実であろう。そのとき人類学者は、他者を対象として理解するのではなく、他者が生きている世界を自らもまた少しだけ生きることによって了解するのである。

3 〈近傍〉としてのフィールド

◉相互行為空間と〈近さ〉

自らの身体の自然に降りていくことを通して他性を見出し、外への通路が開かれる。だがこのことが可能であるためには、ある〈近さ〉が要請される。この〈近さ〉こそ、人類学にとってのフィールドの特異な性格をかたちづくっている。

「生まれたからにはもはや隠れることはできない」とは、近年イタリアにやってくる移民・難民というテーマを扱った映画の題名である。[7] これは実は難民収容施設で働く一人のアフリカ人の名前なのだが、ここには「身体としてある」ことの休息なき本性が示唆されている。それは他人に曝されてあるということである。だから「恥ずかしさ」は、身を隠したいにもかかわらず隠れることができないという人間にとって基底的な情動となる。[8]

ところで感情・情動を主題として扱った著作において菅原は、感情とは「表情をおびた身ぶりとして相手のまえに開示される、もっとも根源的な動機づけ」であり、「群居性霊長類の共在を駆動しつづけるエンジン」であるとしている［菅原 二〇〇二：三四〇］。感情が個人の内部にある心理的な何かではなく相互行為のなかではじめて意味をもつものであるという考え方にいたることが、例えば実験心理学者には困難で人類学者に可能なのは、「他者が「わたし」の存在を了解し、わたしが他者の存在を了解する」ような相互的な行為空間に当人が参入し、それを生きているからである。

　このような相互行為空間こそが、人類学におけるフィールドの根本的な特徴をなす。そこでは私の身体は他者に曝されており、他者の身体もまた私に曝されている。そのとき他者の感情は、類推などの手続きを経ず「直接わかる」のだ。こうした場の最大の特徴はその〈近さ〉にある。ただこの〈近さ〉は単なる空間的な近接性ではない。満員電車のように、どれほど空間的に近くとも、それぞれの身体に閉じこもっている状態ではこの独特の〈近さ〉は立ち現れてこない。〈近さ〉とは、私の身体が他者に曝されており他者の身体もまた私に曝されていることであり、私が他者に直接触発されることである。それは侵入されることであり、可傷性である。「近さ、直接性、それは、他人によって享受し、他人によって苦しむことである」［レヴィナス 一九九九：二一六］。

　この〈近さ〉の場には独特の相互性と対称性があるのだが、間身体性と呼ばれてきたそうした相互性と対称性の根底には、触発される身体の根源的な受動性が横たわっている。メルロ＝ポンティの言葉を借りれば、「他者の明証性が可能なのは、私が私自身にとって透明ではなく、私の主観性が己れの身体を引きずっているから」なのだ［メルロ＝ポンティ 一九七四：二一六］。

◉〈あわい〉としての「地域」

　問題なのは、このような〈近さ〉という特徴をもつ相互行為空間が、現在においてはフィールドとしてなかなか見出しがたいという点にある。いや、それは実際いたるところにあるのだが、相互性と対称性という特徴をもつ相互行為自体を阻み不可能にするような力と制度によって切断され、断片化されている。端的な例でいうと、現代では個人化する諸力とそれを支える諸制度があるために、主たる生活世界であるところの家が私空間化されている。プライベート（privato）とは文字通り、欠けている（privato）状態なのであり、そこでは相互行為空間におけるような公共性

［7］『生まれたからにはもはや隠れることはできない（*Quando sei nato non puoi più nasconderti*）』マルコ・トゥリオ・ジョルダーナ監督、二〇〇五年（邦題『13歳の夏に僕は生まれた』）。

［8］アンテルムは、ブーヘンヴァルト収容所からダッハウ収容所への移送の途中、SSの隊員に行き当たりばったりに選ばれて銃殺された一人の若いイタリア人が、指名されたときに赤面したという忘れがたいエピソードを記している［アンテルム 一九九三］。アガンベンはこのエピソードから、「恥ずかしさ」という情動は、断じて生き残ったがゆえのものではないと論じている。それは、「引き受けることのできないもののもとに引き渡されることである。しかし、この引き受けることのできないものは、外部にあるものではなく、まさにわたしたちの内密性に由来するものである」［アガンベン 二〇〇一：一四二］。

が欠けている。私秘的な空間では、原野の生活世界を特徴づけているような「見通し」がきかないのである。

もちろん、グイの生活にもテントのように「見通し」のきかない場所はある。ここで問われるべきなのは、まさに私秘空間と公共空間、内と外という二分法そのものであろう。古い日本語では「うち」と「そと」のあいだは「なか」と呼ばれていた。今では「うち」と「なか」の差異はほとんど忘れ去られているが、その違いは「みうち」と「なかま」の範疇を考えるとわかる。身内ではないが他人でもない、それが仲間である。「なか」は「うち」と「そと」の境界であるが、線としてあるわけではなく、伝統的な日本家屋における縁側のごとくある幅をもった縁である。それは「あいだ」であり境界であるが、分割するものとしての境界ではなく、「あう（会ふ）」場としての「あわい（あはひ）」である［安田 二〇一四：九三－九七］。

筆者のフィールドであるイタリアの精神医療実践で考えるなら、こうした「あわい」の場こそ「地域（territorio）」と呼ばれるものにほかならない。精神病院という施設は、もともとの建設の意図にかかわらず、対称的な相互行為を不可能にするような場となってきた[9]。だからイタリアで精神病院を全廃し、それに代わって地域で精神保健実践を行なうというのは、ただ単に精神医療が内から外に出たというのではなく、相互的で対称的な行為空間をつくり出す実践になったということなのである［松嶋 二〇一四ａ］。

つまり「地域」と呼ばれるのは、単に病院の「外」なのではなく、〈出会い〉の場としての「あわい」であり相互行為空間である。それは所与として外延的に存在している場ではなく、病院化（hospitalization）する力と制度に抗してその都度つくり出される歓待（hospitality）の場である。そこでこそ人は、「精神障害者」ではなく、苦しみや問題を抱えながら生きている名前をもった「誰か」になる。

「誰か」ではなく「何か」としてしか生きる場がなければ、私たちはおそらく生きていけまい。だからこそ「誰か」として生きる場が家族だけに閉じられてしまうなら、家族との関係が破綻の危機に陥ったときにこそ最も悲惨な出来事が起こりうるだろうことは想像に難くない。それを「精神疾患」の名のもとに医療化し、社会的に危険な存在として隔離するのではなく、再び「誰か」として生きることができるような「あわい」を構築することが課題となるのである。

〈事例一〉　ベアトリーチェ（四十代、女性）

彼女は父親からとてもかわいがられて育った。父親は写真が趣味で、娘が乳児の頃から撮影し、それを様々なコンクールに出品していた。一九六八年から七〇年代にかけてのイタリアは社会的に熱い喧噪と緊張の時期だったので、ベアトリーチェはほとんど家にいた。二人の妹が彼女と外に遊びにいくのを嫌がったためもあり、年頃になっても外出はいつも父親とだった。父親はカメラを持ち歩き娘をモデルとして写真を撮り続けた。年齢よりも大人びてみえる彼女は、旅先でしばしば父親の若妻か愛人に間違えられたという。

　二五歳のとき、父親が亡くなった。心に大きな穴が開いたようだった。その頃から彼女は演劇を始めた。演劇学校で、ディスコで、スポーツジムで友達を探し求めたが、本当に友達だといえるような人には出会わなかった。いくつか恋愛関係もあったが結局うまくいかず、二九歳のとき、相談のために初めて精神保健センターを訪れた。人生について何もかもわからなくなってしまっていたからである。

　その後、銀行で働きはじめたが、そこにも本当の協働はなく、表面的な人間関係しかなかった。彼女はいつしかモビング[10]を受けるようになった。まるで「銀行のシンデレラ」のようだと感じた。悩みを打ち明けられるような友達がいなかったこともあり、鏡に向かって話しかけるようになった。モビングはますますひどくなった。そのため、車を運転しているときもミラーに映った自分に話しかけ、会社のトイレでもコンパクトの鏡に話しかけることが長時間続くようになった。結局仕事を辞めたが、体調はすぐれず不眠に陥った。二〇〇六年、弟が彼女を精神保健センターに連れてきた。

　ベアトリーチェの事例で印象的なのは、絶望的といえるまでに友達を探し求めたという事実である。彼女には家もあったし、仕事もあった。両親は亡くなっていたが「みうち」はいた。けれども「なかま」はいなかった。

　精神保健センターに通いはじめてからしばらくして、ベアトリーチェは両親の死後一人で住んでいた家を出て、カーサ・ファミリア（グループホーム）に移った。両親の

［9］社会学者のゴフマンはこのような施設を、「全制的施設（total institution）」と呼んだ［ゴッフマン 一九八四］。

［10］モビング（mobbing）とは、もともと小鳥が捕食者であるタカ類、フクロウ類、カラス類を追い払うための擬攻撃を意味するが、転じて職場などにおける集団的ないじめ、虐待のことを指す。

いない広いがらんとした家に一人でいることに耐えられなかったからだ。妹たちが同じ市内に住んでいるのでたまの週末に食事をしにいくが、二人とも結婚していて子供もいるのでそうしょっちゅう行くわけにもいかない。だから彼女には、カーサ・ファミリア（casa famiglia）、つまり「家族の家」が必要だったのである。

カーサ・ファミリアでの共同生活は、持続的で相互的な行為空間であり、そのなかでベアトリーチェは徐々に「誰か」であることを取り戻していったように思われる。彼女は映画も一人で観ることができず、嫌なシーンがあると観るのを途中でやめてしまっていたのだが、誰かと一緒だと最後まで観ることができた。「誰かがいると、不快なものにも耐えられるから」だといっていた。カメラのレンズの前に曝され、カメラを通して父親に見られることがほとんど愛されることだったように思われる彼女は、ベアトリーチェをベアトリーチェとして見てくれるまなざしの不在の穴を、常に誰かがいて、その人たちに見られ、そして見返すような場で日常をおくることによって、ゆっくりとうめていったように思われる。

◉接近が開く〈近傍〉

人類学者が入っていくフィールドもまた、「うち」というより「なか」ではないだろうか。それは〈近さ〉を特徴とする相互行為空間であり〈出会い〉の場である。フィールドとはしたがって、地理的に名指すことができるような境界づけられた外延空間のことではない。なぜならフィールドにおける〈近さ〉とはトポロジカルな〈近傍〉にほかならず、それは接近することにおいてのみ開かれる内包的な「場＝フィールド」だからである。

> 近さは一個の状態、静止ではなく、まさに平穏の不在、安息の地の外なる非場所であって、それゆえ近さは、遍在することなく一つの場所に休らう存在の平安をかき乱し、抱擁におけるがごとく限りなく近づいてゆくのだ。「限りなく近づくもの」としての近さは構造として凝固することがない。
> ［レヴィナス 一九九九：一九七‐一九八］

人類学者とは誰か？ それは「接近する人」のことだ。「接近する人」は決して他者探し、マイノリティ探しをしているわけではなく、地理的に遠くにいる者であろうと近くにいる者であろうと、接近することによって「他者」を「隣人」として見出し、自らも「隣人」となる人の謂いである。きわめてキリスト教的な概念である「隣人」は、「あわい」において「なかま」と通底することになる。

ただ接近とは、接近する者にとってもされる者にとっても不穏なものである。他者は他者のまま適度な距離を保ってどこかよそにいてくれることが、平穏な日常生活のためには不可欠であろう。だが不思議なことに、人はそうした平穏な日常生活を望みながらも、それだけでは生きていることの根源に触れえないということを薄々感じている。なぜならそれはまさしく、私が身体という自然を生きているからである。

> 近さに先だって主体性があり、後に主体性が近さに捲き込まれるのではない。それとは逆に、連関でもあれば項でもある近さのうちで、一切の約束が結ばれ、関与が可能となるのだ。そればかりか、受肉せる主体性という難題と取り組む際の起点となるのも、おそらくはこの近さである。
>
> ［レヴィナス　一九九九：二〇六］

〈近さ〉における他者の触発がなければ、主体はいくら自分の内側を探しても、能動的な行為を立ち上げる強い動機を見出すことはできないだろう。「他者」を「隣人」とすることは、自らが生きていくことの動機づけであり作動的理由となる。

　ただ「他者」はあくまで汲み尽くすことのできない他性でもある。それは、近づいても近づいても到達しない〈近さ〉、いや接近すればするほど差異がより深まるような〈近傍〉である。それは、次のような文章が示す「開かれた境界」のことである。

> 紙面に円が描かれているとする。その際、ある空間が線によって囲まれるが、この線はどこに属しているのだろうか。線それ自体は囲いの内部でも外部でもない。線の内側の縁、サルトルのいう「内的限界」が囲いの内部にあるとしても、線は「外的限界」をも有さざるをえないから、線は囲いの内部にある、とは言えない。逆に、線の「外的限界」が囲いの外にあるとしても、線は「内的限界」を有さざるをえないから、線は囲いの外にある、とは言えない。「内的限界」と「外的限界」の隔たりをどれだけ小さくしようとも、両者が一致することはありえない。その場合には線そのものが消えてしまうからだ。
>
> 　二つの限界のあいだの隔たりをこのように無際限に縮小することは、線を無際限に分割することにほかならないが、そうできるとするなら、囲いは有限な空間を囲い込みつつも、まさに終わりなきもの、無際限なものであることになろう。ナンシーも、サルトルと異口同音に「限界（limite）に沿って無制限なもの（illimité）と化す無制限なもの」と記している

が、囲いは開けであり、まさにグリザイユ[11]なのである。［合田 二〇〇三：四一四‐四一五］（傍点原文）

ここで指摘されている〈あわい〉としての「境界」の問題は、繰り返し想起されてしかるべきだろう。「境界」はイタリア語ではconfineというが、それはcon-fine、すなわちfine（終わり、限界、目的）をcon（ともに）するという様態を指している。つまり、境界は場の限界を画すものでありながら、その限界自体が内的限界と外的限界に裂開しつつ外との接触に開かれている。境界とはそうした〈出会い〉の場なのである。

◉無知による〈了解〉 接近することで〈近傍〉としてのフィールドが立ち上がる。そのとき人類学的なフィールドワークは、中立的な観察のための方法論ではなく、深い意味での政治的実践となるだろう。なぜなら、接近することがなければそうした〈近傍〉は開かれないし、そのまま放っておくと、内包的な相互行為空間の上や外から空間は外延的に整序されカテゴリー化され、「誰か」ではなく「何か」によってだけ機能させるような力が働いて生活世界を分断・断片化するような状況に対して抗することが困難になってしまうからである。それは例えば、グイの人々を定住させようとする力であるとともに精神障害者を精神病院に隔離しようとするような力でもある。だから、現代の人類学者のフィールドが、地理的に遠くの他者の生活の場に限定されることなく多様化していることには深い意味がある。それは、〈近さ〉を特徴とする相互行為空間と、それを断片化し、囲い込み、個人に分断しようとする力とのせめぎあいが、いたるところに見出されるということなのだ。[12]

人類学者がフィールドワークをするということは、接近することによってこうした〈近傍〉を開きつづけることにほかならない。だからそれには終わり＝限界（fine）がない。そして、生活世界の深さに際限がないように、「わかる」ということにもまた終わりはない。近づけば近づくほど、差異が立ち現れる〈近傍〉というトポスはだから、わかればわかるほどわからないことが出てくるような、人類学者における了解に似ている。それは知れば知るほど、知らないことがわかるという「無知の知」のようである。

〈事例二〉 ベアトリーチェとのやりとりから

B［ベアトリーチェ］（銀行でのモビングの話の後で）自分のことを「銀行のシンデレラ」のように感じていたわ。もしくは『いいなづけ』[13]のルチーアね。何ていえばいいかしら、インノミナートのような何者かが妨害して結婚させないようにしてたの、わかるでしょ。だからもしそういう人がいるのなら堂々とやってほしかったわ。するとどこで自分が間違えたのかもちゃんとわかるじゃない。だって知らずに間違えてたかもしれないじゃない、ね。だからちゃんと話しましょうよ。私はその人とちゃんと話し合いがあって、どういう状況なのか説明してくれるものとばかり思ってたわ。確かなのは、誰もどうなっているのかちゃんと説明してくれなかったってことね。ルチーア・モンデッラとレンツォ・トラマリーノのあいだにいるインノミナートって感じ。まさしく『いいなづけ』そのものだわ。「銀行のシンデレラ」とインノミナートのあいだで、何かがおかしかったの。

T〔筆者〕　この話を医師か心理士か、誰かにしたことありますか？

B　何の話？

T　このこと、つまりあなたがこういう状況にあって、それでなぜ他の人があなたの邪魔をするのかわからなかったということです。

B　いいえ、このことについて話したことはないわ、心理士にも精神科医にも、誰にも一度も話したことなんてない。わかるでしょ？

T　でもいっぺん話してみたらいいんじゃないんですか？

B　私はあまりしゃべらないの。なぜかしらね。ドクターとはあまりしゃべらない。これが彼に話す

〔11〕グリザイユ（grisaille）とは、灰色や茶色などモノクロームで描くことで起伏や立体感を出す絵画の技法。哲学者のジャンケレヴィッチは、善悪などの二元論が一種の浮彫り効果の所産であることを示唆するために、この語を自らの鍵概念としていた〔合田 二〇〇三〕。

〔12〕佐藤〔二〇一三〕は、人類学のフィールドの変容の背景にある要因として、グローバル化、メディア化、個人化の三つを挙げている。こうした変容のただなかにおいて現代の人類学のフィールドワークは、先進国／発展途上国、国内／国外を問わず、かつ対象も民族集団にかぎられたものではなくなっている。代わって、グローバルな制度とローカルな文化・生活世界のぶつかりあいの断層が新たな問題領域として立ち現れているという指摘は重要である。

〔13〕『いいなづけ（I Promessi Sposi）』は、一九世紀イタリア最大の国民作家アレッサンドロ・マンゾーニの代表作である。一七世紀、スペイン占領下にあったミラノとロンバルディア地方を舞台に、結婚式を目前に控えたレンツォ・トラマリーノとルチーア・モンデッラの二人の婚約者が、ルチーアに一目惚れした貴族のドン・ロドリゴの横槍で結婚できなくなり、別れ別れに暮らす日々を描いている。インノミナート（L'innominato ＝名前が無い）というのは、ドン・ロドリゴが援助を求める強大な権力を持つ正体不明の悪党の呼称。

ような話題だと思ったことなんてなかったわ。だからずっと自分のなかに持っていた。一度も外に出したことはなかったの。だから少ししかしゃべらない。どうしてかしらね。

『シンデレラ』や『いいなづけ』の話が興味深かったので、面接の時にもこの話をしているのだろうと思って筆者は質問したのだが、ベアトリーチェは一度も話したことはないといった。その表情はとても意外そうで、話そうと思って話せなかったのではなく、本当に話そうと考えたことさえなかったことが窺えた。ではなぜ彼女は、筆者にはこのような話をしたのだろうか。

ここで想起されるのは、ナラティヴ・セラピーにおける「無知のアプローチ」である。野村［一九九九］によると「無知のアプローチ」には三つの具体的な構えがある。まず、「相手に対して」語るのではなく、「相手とともに」語るという会話のスタイル。次に、理解の途上にとどまり続けること。最後に「ローカルな」言葉の使用、つまり専門言語に置き換えず、クライアントの使う日常言語で語り合うこと。その上で、話されたことについてもっと深く知りたいという欲求をもち、かつそれを相手に表出することが「教えてもらう」立場にある「無知の姿勢」であるという。

人類学者もまた、「素人」として常に「教えてもらう」立場にある。そしてフィールドワークを通して、他者についてではなく、「他者とともに」了解していく。しかもその了解は、常に途上にあり、わかりきることのない終わりなき過程である。生活世界とは、いたるところにあり、誰もがそれを生きているものなのだから、人類学者は決してその専門家になることはない。ただ複数の生活世界のあいだを往還するなかで、その別様のあり方に身を委ね、自らの身体の変容を通して身体と生活世界の錯綜体に降りていくことは可能だ。

そのことで何が起こるのだろうか。われわれが生きる社会において、身体はある閉塞感にとらわれているように感じられる。自らの身が訴える閉塞感に問い尋ねていくと、この社会が他者に対する怖れを基盤としてつくられているということが見えてくる。不穏な他者の接近と他者の不穏な接近を組織的に阻むことで、快適で安全な社会が保証されているのではないか。それは、日本に精神病院の数が世界一多いという事実を、テクニカルにではなく深いところで説明するだろうし、さらにリスク社会の構造との日本的に特異な結びつきを考える契機となるかもしれない。

同時に、身体の錯綜体に降りていくことは、他者への怖れと不安を解除する可能性を開く。先に述べたように、接近することは不穏な出来事であり、接近される側の怖れや不安を高める。だから〈近傍〉が開かれるためには、何らかのかたちで防衛機制が解除され、怖れの敷居が低くなるようにしなければならない。

無知の人として近づいていく人類学者の存在が想起させる姿はだから、〈あほう〉ではないか。関西の笑いの伝統には〈ぼけ〉と〈つっこみ〉だけでなく〈あほう〉が存在してきた。〈あほう〉とは、『イワンのばか』『白痴』から仙台四郎、藤山寛美につらなる重要な文化的範型にほかならない。

> 藤山寛美のあほうは、たしかに痴呆的な、口をだらしなくあけた表情をしています。しかしあれは何もばかのまねをしているのではない、世間に対する身構えがない表情なのです。［市川 一九九三：四三］

「世間に対する身構えがない」こと、〈あほう〉の身構えのなさが、周囲の人々の身構えを解除する。そこにこそ、対称的な相互行為空間としての〈近傍〉が開かれる。だがこうした身構えのなさ自体はどこからくるのだろうか。それこそまさに、自らの身の自然、私が身体であるという根源的な受動性におりていくことによってであろう。フィールドワークのなかで変容していく身体とともに、そのことの深い意味を人類学者は身をもって学ぶのだ。だからその学びと探究には終わりがない。なぜなら「身体であること」のはじまりをわれわれはそもそも知りえないのだから。

それは、六〇になっても八〇になっても「未熟者」たりうる能役者の芸道の道程とさほど隔たってはいないだろう。はたして〈あほう〉の自在さに菅原とともにわれわれはいつか達することができるだろうか。「フィールド哲学」としての人類学はこうして、無知の人の道行きと重なりあいながら、フィールドの無際限の奥行きに分け入っていく終わりなき道を指し示しているのである。

【参照文献】

アガンベン・G（上村忠男・廣石正和［訳］）二〇〇一『アウシュヴィッツの残りのもの―アルシーヴと証人』月曜社。
アンテルム・R（宇京頼三［訳］）一九九三『人類―ブーヘンヴァルトからダッハウ強制収容所へ』未来社。
ブランケンブルク・W（山岸 洋・野間俊一・和田 信［訳］）二〇〇三a「パースペクティヴ性と妄想」『妄想とパースペクティヴ性―認識の監獄』（W・ブランケンブルク［編］）、学樹書院、六‐四四頁。
ブランケンブルク・W（山岸 洋・野間俊一・和田 信［訳］）二〇〇三b「パースペクティヴ性 vs. パースペクティヴ主

義―パースペクティヴ可動性不足の病理からその治療へ」『妄想とパースペクティヴ性―認識の監獄』（W・ブランケンブルク［編］）、学樹書院、一五五－一六二頁。
合田正人　二〇〇三『ジャンケレヴィッチ―境界のラプソディー』みすず書房。
ゴッフマン・E（佐藤　毅［訳］）一九八四『アサイラム』誠信書房。
市川　浩　一九九三『〈身〉の構造―身体論を超えて』講談社。
レヴィ＝ストロース・C（荒川幾男［訳］）一九七〇『人種と歴史』みすず書房。
レヴィナス・E（合田正人［訳］）一九九九『存在の彼方へ』講談社。
レヴィナス・E（熊野純彦［訳］）二〇〇五『全体性と無限（上）』岩波書店。
松嶋　健　二〇一四a『プシコ ナウティカ―イタリア精神医療の人類学』世界思想社。
松嶋　健　二〇一四b「スローフード」『みんぱく』三八（一一）：一〇頁。
メルロ＝ポンティ・M（竹内芳郎・木田　元・宮本忠雄［訳］）一九七四『知覚の現象学⑵』みすず書房。
野村直樹　一九九九「無知のアプローチとは何か―拝啓セラピスト様」小森康永・野口裕二・野村直樹［編］『ナラティヴ・セラピーの世界』日本評論社、一六七－一八六頁。
佐藤知久　二〇一三『フィールドワーク２・０―現代世界をフィールドワーク』風響社。
菅原和孝　一九九三『身体の人類学―カラハリ狩猟採集民グウィの日常行動』河出書房新社。
菅原和孝　一九九九『もし、みんながブッシュマンだったら』福音館書店。
菅原和孝　二〇〇二『感情の猿＝人』弘文堂。
菅原和孝　二〇〇四『ブッシュマンとして生きる―原野で考えることばと身体』中央公論社。
菅原和孝　二〇一〇『ことばと身体―「言語の手前」の人類学』講談社。
ユクスキュル・J・V（前野佳彦［訳］）二〇一二『動物の環境と内的世界』みすず書房。
安田　登　二〇一四『日本人の身体』筑摩書房。
Csordas, T. J. 1990 Embodiment as a Paradigm for Anthropology. *Ethos* 18(1): 5-47.
Csordas, T. J. 1994 Introduction: the Body as Representation and Being-in-the-world. In T.J. Csordas (ed.), *Embodiment and Experience: The Existential Ground of Culture and Self.* Cambridge: Cambridge University Press, 1-24.
Merleau-Ponty, M. 2003 *L'Institution/La passivité, Notes de cours au Collège de France* (*1954-1955*), texte établi par Dominique Darmaillacq, Claude Lefort et Stéphanie Ménasé, Paris, Belin.
Viveiros de Castro, E. B. 1998 Cosmological deixis and Amerindian perspectivism. *The Journal of the Royal Anthropological Institute* 4(3): 469-488.
Viveiros de Castro, E. B. 2004 Exchanging perspectives: The transformation of objects into subjects in Amerindian ontologies. *Common Knowledge* 10(3): 463-484.

【コラム4】木曜日に会う菅原さん

三原弟平

木曜会という研究会を菅原さん、高橋由典さんと三人でやってきた。以下は、そこで見聞きした菅原さんのラフスケッチ、ドイツ語でいうCharakteristikだが、それが菅原さんのほんの一面でしかないことはよくわかっている。

というのも以前、乾燥したアフリカの砂地でグイの男たち四、五人に彼がインタビューしている長いビデオ映像を見せてもらった（のちにこれが〈会話分析〉の材料となるわけだ）。砂地にしゃがんだまま片手でマイクを突き出し、もう片方の指からタバコを寸時も離さないサングラス姿のその人物はたしかに菅原さんのはずなのに、どうしても私のなかにある菅原さん像と重ならないのだ。サングラス姿の彼を見たことがないわけではない。けれどもパソコン画面のなかのその人物の顔はやけに生白くて、西洋人ぽく見えたのである。画面のなかの菅原さんに慣れることができず、ビデオを見ている間じゅうこの違和感は続いた。最後に私が自分のなかで下した結論。いろいろな貌が菅原さんにはあるのだ、アフリカでフィールドワークをしているときの菅原さんは木曜会やそのあとの居酒屋で見せるのとは違ったものを動員されているようだ。おそらく教場での菅原さんはまた違った貌を学生さんたちに見せておられるのだろう。

そんな限定つきの木曜会だが、そこで菅原さんについて得がたい経験をいくつかすることとなった。なかでも得がたく思うのは、数多くの本が彼のなかで次第にかたちを取っていくその発生現場に立ち合うことができたことである。そのときそのときの本に盛りこもうと思われている抱負やこれからの著作計画などを彼はわりとフランクに話されるタイプの人で、生成中の本の一部を木曜会で発表されることが多かった。まことに多くの本を出されてきたが、なかでも忘れがたいものが二つある。けれど定年退職して研究室から持ち帰ったまま雑然と積み上げられた本の山からこれらを発掘しようにも手のほどこしようがない。だから以下はただ記憶だけをたよりに書くことにする。

記憶に残るその一冊目は、菅原さんが担当する文化人類学の授業で学生たちに課してきたレポートのなかからえりすぐりを集め、それに菅原さんがコメントをつけて本にしたものだった。課されたテーマは、各人これと思うものをそれぞれフィールドワークしてきてその報告書をレポートにして出すというものだったが、いくつかある学生たちのレポートなかで特に記憶に残るのは、この国の「おみくじ」を一手につくっているところがあって、たどって行けばそれが山口県のどこかであって、そこに出向いていってか、あるいは電話で取材したかしてなったレポートだった。おみくじには短歌めいたものやもっともらしい短文が書かれているが、全国でお目にかかるそうしたおみくじのほとんどが一ヶ所で作られているというのは驚きだった。

あるいは、京都の路地には野菜や花などを積んだ細長い荷車を片方の肩にかけた綱で引きながらゆっくり売り歩くおばあさんたちの姿が見られるが、そのおばあさんたちの生態をフィールドワークしたもの。二十歳（はたち）を出ない学生がそうしたおばあさんたちにインタビューする図を面白く思ったが、たしかこのレポートを書いた学生はのちに菅原さんのもとで文化人類学を専攻することになったと聞いた。

さらには、新興宗教のフィールドワークするために偽装入信するという計画（時代を考えるとひょっとしたらそれはオウム真理教だったのかもしれない）をひとりの学生から聞かされた菅原さんは、「君の身の安全を保証できぬから自分としてはすすめられない」といってやめさせたという話。私だったらたちまち頭に血をのぼらせて「やめろ、やめろ」を連呼するのがおちだろうが、悠揚迫らぬもの言いで菅原さんにそういわれれば、学生も納得してそのレポートを書くのをあきらめたことだろう。

この本にたいし由典さんはメールで「一般教養科目教育の金字塔」というふうに評されたが、この「金字塔」という言葉をいまも覚えている。たしかに金字塔というにふさわしいできばえの本だった。こうした授業を受けた元学生さんたちがいま菅原さんの退職記念の本を出そうとしているのも、当然のように思われる。

特に記憶に残るもう一冊は鳥羽森（しん）という名前で講談社から出すことになった、タイトルに『トリニティ』という言葉の出てくるフィクションの本で、それはエロスと暴力にむせ返るようなSF仕立ての活劇ミステリーだった。〈小説家のなりそこないがなるものが文化人類学者である〉という定式は菅原さんから何度も聞かされたが（そのときの彼は面識のある欧米の文化人類学者を思い出しながら、あれもそう、これもそうと確信を持って言われているようだった）、しかし、研究会のたびに驚かされるのは菅原さんの文学・芸術一般への関わりの深さだった。

木曜会もずいぶん初期のことだが、たまたま私の発表がエリオットに触れたことがあって、あとで菅原さんは同病相哀れむ風な目配せをちょっとしながら、エリオットのとある長詩（たぶん「J・アルフレッド・プルーフロックの恋歌」だったと思う）を、独特のイントネーションをつけて朗々と暗誦し始めた。おそらくそれは彼の高校生時代の愛唱詩のひとつだったのだろう。癖のある邦訳のその片言隻句くらいは私も覚えているものの、こんなふうに完璧に、しかも懸河(けんが)のように滔々(とうとう)と流れゆく詩節がその場でえがき出すイメージに私は圧倒されてしまった。そのままほっておけば結局その長詩を最後まで朗誦し終えてしまっていただろうが、唖然としている私に気づき、菅原さんは途中で朗誦するのをやめてしまった。おそらく彼のなかには多くの詩がこんな調子ですっかり入っているのだろう。

以上は詩についてだが、小説にかんしてはフィールドワークの合間にテントで読むべく日本から携えて行った文庫本を主とする「カラハリ文庫」なるものが彼にはあると聞く。満天のアフリカの星空の下で読む文庫本はさぞかし脳裡に刻まれるだろうと思われるが、しかし、高校生時代に読んだらしき小説も彼は細部にいたるまでよく覚えていて、まさに打てば響くといった感じで掌を指すようにつねに引用可能なのだ。くわえてその美術好きと音楽好き。彼は学会や出張で海外に行くたびその都市(まち)にある美術館を訪れるのが何よりの愉しみだそうで、そこで手に入れた日本では見たこともないような画の絵葉書をいただいたことがある。要するに私よりはるかに文学的、芸術的ということだ。そういう彼だから上述のようなフィクションを書けても不思議はないが、破天荒な筋立てのこの小説のなかで一部分とても鮮やかに私の記憶に残っているところがある。それは主人公が「自分の秘密を教えようか」と、おそらく女主人公に向かってだろう明かす場面があって、「それは自分が文章としておぼえることができるということだよ」という箇所だった。そこを読んで、あ、これは本当のことを言っている、彼は自分のなかにある特異技能を告白しているのだ、これで菅原さんの謎のいくぶんかが解けたとそのとき私は思った。菅原さんにはミニ・スーパーマン的なところがあって、科研で何でもおよそ公文書を書いてこれまでその申請が通らなかったことは一度もないそうだが、おそらく公文書の書式も彼はまるごと文章ですっかり覚えてしまっていて、それがいつでも引用可能なのだ（それと、相手が何を求めているかを考えて書く、とも言われていたけれど）。

夏休みをはさんだここ数ヶ月間は木曜会も休みで菅原さんとは会っていないが、いまごろ彼は長年の宿願だった『動物論』を本にすべく、鋭意執筆中だろう。彼の〈動物好き〉についても、傍見する機会が多々あった。余分な小遣いが残ると動物のフィギュアを買う

（どこで売っているのだろう）のがいまも菅原さんの趣味のようだが、小・中のときだけでなく高校生になっても休日になると朝早くから動物（昆虫だけではないことに注意）採集に行っていたという話を聞いたことがある。

ところで、数か月前のある日とつぜん私の家のインターフォンが鳴って、お宅の家の側溝に大きな蛇がいると散歩中の老夫婦の興奮した声がした。急いで出てみると、ゆうに三ｍは超えるかと思われる巨大な蛇が長々と横たわっている。どうしたらいいのか。まずは生死をたしかめるのが先と、すずめ蜂を駆除するための「蜂スプレー」が家にあったのを思い出し、飛びつかれない距離からおっかなびっくり蛇の頭部に向かって噴射してみた。しかしピクリともしない。どうやら死んでいるようだ。それからどうしたか、その顛末は省くが、この話を夏休み前の木曜会の席で話すと、「何と残酷なことを」とその声は小声だったが、明らかに私の仕打ちに義憤を感じ、心のなかで眉を顰められている菅原さんの様子がありありとうかがわれ、私はいたく恥じ入った次第である。

その後もらったメールには「日本にいる蛇は最大に成長しても二・五ｍ以上になることはない」と書かれてあり、さらにとどめを刺されてしまった。正確にいうならたしかにそれくらいの長さであり、私は二重に恥ずかしかった。

そんな菅原さんは小・中・高校生の時、どんな気持ちで網を手にして動物採集をしていたのだろうと思う。捕獲しにではなく、蛇をも含めた動物たちに日曜日ごとに会いに行っていたのだろう。菅原さんは蛇も動物も人間も好きなのだ。蛇はもちろん、動物も人間もあまり好きではなく、どうやら自分だけが好きみたいな私とはえらい違いである。

第8章　普遍主義と相対主義を「跨ぐ」

——G・ベイトソンと菅原和孝、あるいは科学のトリックスターとしての文化人類学者

春日　匠 *KASUGA Sho*

1　科学のトリックスター

人間も生物の一種である以上、たとえば肺で呼吸をし、DNAで遺伝情報を子孫に残す、といった意味で生物である。我々の文化もこうした生物としての前提条件から自由ではない。この側面を強調することを「普遍主義」と呼ぶ。多くの人文学者はこういった論点を批判し、人間の文化的側面を強調してきた。こういった立場を、文化相対主義という。普遍主義と文化相対主義、この二つの立場は、しばしば対立的に語られてきた。

しかし、普遍主義的な説明に終わることもなく、その一方で自然という基盤を無視した相対主義的説明を無批判に採用することのない説明の枠組みというのは存在しうる。それを試みた最も重要な理論家の一人としてグレゴリー・ベイトソンがあげられよう。ベイトソンは論理学と進化理論を多用するが、それらは規範化されることから自由な形で用いられる。

同様に、菅原和孝がブッシュマンの会話と身体に着目するとき、彼は進化論的あるいは動物行動学的な視点からそれを眺めているのだが、構築される理論はそういった枠組みから自由である。この二人の「自由な文化人類学者」の共通点を探り、自然科学と人文学を横断するトリックスターとしての「文化人類学者」の役割を再定位すること——それが、本章の目的である。

2　世界の捉え方の三類型

用語の定義からはじめよう。

◉生物学的決定論

まず生物学的決定論とは、人間の行動原理はその全てないし重要な部分が生物種としての「人類」であることによって決定されており、その決定の有り様は生物学を学ぶことによってある程度明らかにできる、という立場である。生物は、進化のプロセスを通じて「より多くの遺伝子を残す」方向に最適化される、とこの立場は考える。

例をあげよう。一夫多妻制や家父長制が人類社会において支配的なのはなぜか。生物学的決定論はその理由を、(厳密には社会条件にもよるが)男性は子育てにコストを払うよりも、より多くの女性と性交して、子孫の「数」を多くする戦略が最適であることが多いのであり、逆に女性は子育てのコストを払わざるをえず、また妊娠期間も長いため、「質より量」戦略が採りづらく、より子育てリソースを自分一人に振り向けてくれる男性を一人だけ選んで、長期的な関係を望むからだ、と考える。これをさらに拡張して、人類社会のほとんど全てを生存競争のための戦略である、と解釈する議論もあるが、こうした議論は学術的な専門論文というよりは一般向けの本として読まれているきらいもある。

こうした生物学的決定論に対しては、道徳的な面と理論的な面の双方から疑義が呈されている。道徳的な面からは、それが男性優位な社会構造の承認と強化につながっている、という批判がある。仮に「男性の方が浮気性である」という言明に生物学的根拠があるとしても、たとえば多くの女性と性交渉をもつ男性がその「男性らしさ」を賞賛される一方で、多くの男性と性交渉をもつ女性が道徳的逸脱として非難される、という構造にまで生物学的根拠がある訳ではない。にも関わらず生物学的決定論は、あたかもこうした非対称性が、個々の人間の社会的な意思決定に対して先験的に決まっており、たとえば先の理由で女性を非難することはまったく正当である、と思わせる効果をもっている。とりわけ一般向けに生物学的決定論を紹介する本にはそういった効果を狙ったものが多く、それゆえに消費されているという面もある。

道徳的批判に対する「生物学決定論」支持派からの誠実な対応は、「科学的事実と社会的、倫理的価値判断は切り離されるべきである」というものだろう。さらに事実としてたとえば人類史全体を通じてみれば、必ずしも家父長制は支配的ではない、という問題点もある。この批判を受け入れた最も穏健な立場は「人類にはもちろん生物種としての基盤があり、最も多く子孫を残せるような形で進化しようとしているが、どのような文化形態を採るかは生態学的、社会的、歴史的に多様な可能性があり、これが地域ごとの文化や道徳観の多様性を示している」というものであろう。

◉文化決定論　ここで、特に「社会的、歴史的に多様な可能性」という面を強調すると、「文化決定論」になる。その側面をもっとも強調するなら、「我々人類の生物学的基盤は決定的に破壊されており、もはや生物学的な要素が人間社会、文化に与える影響力は殆ど存在しない」という立場になる。この立場は、我々が生物として同じ人類に属しているにも関わらず、文化的にきわめて多様であり、かつその文化間の優劣を評価する外在的な尺度は存在しない、という状況をきわめてよく説明している。

この立場が通俗的に用いられると、実際には記述的というよりは倫理的な役割が強くなる。生物学決定論がしばしば家父長制の擁護に使われるのとは逆に、強い文化決定論は、文化的多様性（特に多様なセクシュアリティや、あるいは進化論的に合理的とはいえそうにない諸々の文化的多様性、たとえば宗教的な食のタブーといった多様性）を擁護するのに使われるのである。

したがって、多くの場合、生物学的決定論を強調するか、文化決定論を強調するかは、科学的な論争というよりも倫理的な論争であると考えるべきだろう。もし我々が十分に記述的になろうとするならば、基本的には両者の折衷案が採用されることになるはずである。つまり、「生物学的決定論」と「文化決定論」とは明確に線が引けるものではなく、どの程度、どちらを強調するか、といった問題となる。別の言い方をすれば、この二つの立場はどちらも「我々の認知はなんらかの、客観的な外的基準によって規定されている。そして我々はこの外的基準についても記述することができる」という構図を前提しており、その外的基準が生物学的なものであるか、文化的なものであるか、という点においてのみ対立しているのである。

◉社会構成主義（あるいは社会構築主義）　だが、この構図自体を疑わしいとする立場もある。その一つが「社会構成主義（あるいは社会構築主義）」と呼ばれるものである。この立場は、外的基準なるものは我々が認識することによって創りだされている、と主張する。一種の視点の転換である。社会構成主義は、「客観的なものはなにもない」という、極端な相対主義として理解されることが多いが、ここではそれを「仮に客観的なもの（あるいは「物自体」）が存在するとしても、我々にそれをきちんと認識する能力があることは保証されていない」という主張であると位置づけたい。このように定位するならば、社会構成主義は哲学史上、きわめてありふれた問題設定であるといえよう。では、こういった相対主義がきわめて有効に機能しうる条件とは、どのようなものなのだろうか。次節以後、グレゴリー・ベイトソンと菅原和孝という二人の人類学者の足跡をたどりながら、考えてみたい。

哲学の大きな部分は我々の世界に対する認識能力（客観的な認識能力）は、哲学的に適切な能力を踏むことによっていくぶんか向上させることができると結論づけており、本章でもそのこと自体への疑義は取り扱わない。しかし一方で、本章では、世界に対する理解を、どのような方向にむけて向上させるべきか、またその際にどのような（身体的、環境的）資源を動員することが許されているか、という点について人類が普遍的にもちうる解はない、というのが人類学的立場であろう、と主張される。

アインシュタインは「世界について永遠に理解できないであろう、ということは、それ自体が理解可能であるということだ」と述べたという。もちろんアインシュタインのように世界を理解するためには科学が必要であり、科学の前提には論理が必要であり、そして論理の前提には言語が必要である。しかし、言語がなければ世界は理解できないだろうか。

我々は、たとえば言葉をもたない動物も、一定の仕方で世界を理解できており、主体的に行動していることを知っている。もちろん、その理解の仕方は我々とは異なっており、我々のそれを「より高度なもの」と捉えることも必ずしも間違っているとは言い難いだろう。だとしても、我々は他者の、我々がとうに使わなくなった手法であるかもしれない認識法が世界をどう社会構成するか、といったことを考えることは、なお有意義である、と主張したい。

どのように有意義であるかを示すためには、まずこういった視点が我々にどのような視座を開いてくれるかを示す必要があるが、そのために、ベイトソンと菅原の議論を比較しながら議論していこう。次節以降で詳細に検討するが、やや乱暴にいうならば、ベイトソンは神秘主義的視点を、また菅原は実存主義的視点を、デカルト的な心身二元論への対位法を作り上げるために利用している、ということになる。

3　もう一つの論理学とその創造性
——グレゴリー・ベイトソン

ベイトソンはその著書の中で、心理学者ユングの著作から、クレアトゥーラとプレローマという概念を採用している［ベイトソン 一九九二］。ご存知のようにユングの心理学は、正統派の科学者からは実証性を欠いたオカルト的な議論とみなされがちである。これに対してベイトソンは、ユングの議論を積極的に取り上げる一方、そこから秘教的な曖昧さを奪い取り、一種の論理学の概念であるかのように利用していく。精神主義（スピリチュアル）的なものと論理学的なもののあいだを頻繁に行き来するのは、ベイトソンの議論の特徴のひとつである。彼は、デカルト的な物心二元論を神秘主義的な視点から批判し続け、また逆に神秘主義的な認識をデカルト的――というよりは実はアリストテレス的といったほうが近いような――論理主義から批判し続けている。その双方を往復することをやめなかったのである。

◉プレローマとクレアトゥーラ　ベイトソンによると「プレローマ」とは、情報を欠いた単なる物質だけの世界である。物自体だけで認識者を欠く世界といってもよいだろう。それに対して、「クレアトゥーラ」は情報のやり取りによって構成される世界である。もちろん、クレアトゥーラはプレローマがなければ存在し得ないが、プレローマはクレアトゥーラがなければそもそも認識もされないような何かである。両者は随伴的にのみ存在を主張できるのである。

　ここでいう「情報のやり取り」は、きわめてシンプルなものから、我々人類が世界や人間関係を認識するといったきわめて複雑なものまで、多様なものが想定されている。その最もシンプルな事例として、ベイトソンは、ガバナー（調整器）の事例を挙げている［ベイトソン 一九八二、一九九二］。たとえば、サーモスタットがある温度以上になると部屋の暖房を切り、ある温度以下になると再び暖房をつけるという設定になっていたとする。これは（少なくとも一度設定してしまえば）人為によらず作動するが、そのプロセスの中で「温度」という情報がやり取りされている。発熱するもの、温度に反応するもの、といった諸々の物質はプレローマに属しているが、部屋が一定の温度内に保たれるというプロセスはクレアトゥーラに属しているのである。

　温度の情報は部屋の温度に対してネガティヴなフィードバックを与える――温度が上がりすぎれば暖房が切れて温度を下げ、下がりすぎれば暖房が働いて温度があがる――ように働くことも重要である。ネガティヴ・フィードバックがあることは、それがシステムとして機能するために必須の条件である（生命体がどのように体温を一定に保つか、といったことを想像してみてほしい）。

　その一方で、自然界にはまれにポジティヴ・フィードバックを働かせるようなシステムも存在する。ベイトソンは、たとえばある文化における「男らしさ／女らしさ」は、こういったポジティヴ・フィードバックによって形成されると述べている。しかし、ポジティヴ・フィードバックはシステムに破綻をもたらすプロセスでもある。もし温度が上がればさらに温度を上げるように指示するサーモスタットがついていたとしたら、部屋の温度は、暖房装置そのものを含めた全てを燃やし尽くすまで温度を上げるか、その前にエネルギーが足らずに停止するか、といったことが起こるだろう。自然界になんらかのシステムが恒常的に存在しうるのであれば、それはネガティヴ・フィードバックを含んだものとなるはずである。[1]

ベイトソンがクレアトゥーラと呼ぶ領域について把握すれば、自然界がそういった情報の流れによって成り立っているということは了解できる。このことをもってベイトソンは、自然界もまた情報を「認識できる」と表現している。「クレアトゥーラに属している」と「ネガティヴ・フィードバックを含むシステムである」と「認識する精神を持っている」は、ベイトソンにおいてはほぼ同義で使われる訳である。この場合に、「認識」という言葉で指し示されるプロセスは、我々が通常考えているもの——つまりデカルト的な心身二元論的な認識——であるとは限らない、もう少し広い意味をもっている。

ベイトソンはこういったシステムとしての自然、例えば動物が三段論法という一種の情報を解することを示すために、次のような説明をしている［ベイトソン 一九九二：五三］。

①我々は屢々、隠喩（メタファー）を使う。隠喩とは類似によって表現することであり、もう少し詳しく述べれば別の領域において類似の位置づけにあるものをつかって、ある領域における指示対象を表現することである。例えば、王をライオンに例えるのは、ライオンが「動物の世界で最も偉大なものである」という認識による。

②論理学の構造は一般に超越的、普遍的なものである。スコラ哲学は一九対の「推論」を暗記し、使いこなせるようになることを推奨する。これを覚えるために編み出された'Barbara celarent darii ferioque prioris.'で始まる詩から、これらは総称して「バルバラの三段論法」と呼ばれている。バルバラの三段論法とは、例えば有名な「人間は死ぬ。ソクラテスは人間である。ソクラテスは死ぬだろう」といったものである。

「普遍的」であるとはこの「ソクラテス」「人間」「死ぬ」（それぞれ主語、中項、述語）を入れ替えても、意味は常に真実（恒真）であるというようなことである。例えば「ペコはパコである。ピコはペコである。ピコはパコであろう」という文章は、もしピコやパコがなんのことかわからなくても、とりあえず論理的には真実を述べていると判定可能である。

③一方、ベイトソンはメタファーを使った「草の三段論法」というものがあると述べている。つまり、「草は死ぬ。人は死ぬ。人は草である」［ベイトソン 一九九二：五三 - 五四］というもので——これは、もちろんスコラ論

理学的には正しくないが——我々が隠喩と呼んでいるものはこういう操作のことである。

④動物はこの「草の論理学」を扱うことができる。ベイトソンが挙げているのは彼が観察したシカゴの動物園の狼の群れに関する事例である。

> 自然状態のオオカミは、狩りから帰るといったん腹の中の獲物を全部吐きもどして、狩りについていかなかった子どもたちと食べ直すということをするのだが、そのさい子オオカミは大人たちに吐きもどしてくれという合図を送ることができる。けれども、大人のオオカミはやがて、子どもたちを吐きもどした食物から卒業させるために、開いた口を子オオカミの首根っこにあてて地面に這いつくばらせるようになる。（中略）ある若い牡が牝オオカミの一頭と交尾に成功する事件があったという。すると、そこへボスの牡が飛んできたのだが、ひどい体罰を加えるかと思いきや、その年少のオオカミの頭をいま述べたのと同じやり方で一度、二度、そして四度まで地面に押し付けただけで歩み去ったそうだ。そこでかわされたコミュニケーションは隠喩的（メタフォリック）なものだった。「お前のようなガキのぶんざいで！」——年少のオオカミに対して行儀振る舞いを教えるコミュニケーションは、草の三段論法に基づいたものなのである。
> ［ベイトソン 一九九二：五六‐五七］

⑤ベイトソンによれば「バルバラの三段論法」を使いこなすには、

> クラスを見分けて、主部と述部を切り離さなければならない。ところが、言語を離れたところには名付けられたクラスというものもなければ、主‐述関係というものもありはしない。したがって、草の三段論法こそ、あらゆる前言語的領域で観念のつながりを伝えあう主なコミュニケーション様式に違いないのである。
> ［ベイトソン 一九九二：五四‐五五］

［1］こういった着想をベイトソンがどのように得たかについては『サイバネティクス学者たち』［ハイムズ 二〇〇一］に詳しい。また、ネガティヴ・フィードバックの概念が自然界の現象を説明するのに、その後どのように発展して行ったかを検討するには、プリゴジンの散逸構造に関する議論や、複雑系に関する研究など——特にサンタフェ研究所のグループによる——を検討する必要がある。

以上のような理由から、ベイトソンは（アリストテレス同様）、隠喩のもつ創造的な効果にきわめて好意的である。「詩、芸術、ユーモア、宗教が分裂症と同じく草の三段論法びいき」なのはこの前言語的なコミュニケーションの可能性によるものなのである。これは文化人類学の始祖の一人であるフレイザーが「類感呪術」として述べた、自然界への認識論的な「操作」と同根である、ともいえる。隠喩あるいは草の三段論法は、「言語」というものをもたない動物にとっても基本的な認識の枠組みを提供するのであり、また同時に芸術あるいは呪術という形で世界を「創造する」力をもっているものなのである。

また、これに加えて重要な点は、バルバラの三段論法が普遍的であるのに対して、草の三段論法は生活の中で即興的に生み出されるローカルなものであり、それゆえ恒真性が保証されるわけではないということである。

4　メタコミュニケーションの揺れ

さて、他の多くの民族同様、ブッシュマンの少年たちもケンカ遊びをすることが、菅原の最初の単著『身体の人類学』で紹介されている［菅原 一九九三］。

ガイカリクと呼ばれるこの遊びは「グウィのキャンプにくらしていれば毎日のように」観察することができる。そのなかで少年たちは「ほがらかに笑い、たがいに罵りあいながら、相手を蹴とばしたり、殴ろうとしたりしている」［菅原 一九九三：一五八］。

もちろん少年たちは互いに相手を攻撃しているのではなく、遊んでいることを了解している。これは、先のオオカミの事例とは逆に、同格であることを確認する儀礼であり、ベイトソン的にいえば殴り合いというコミュニケーションと同時に、「これは殴り合いではない」というメタコミュニケーションが成立しているようなやりとりである、ということになる。

だが菅原は、遊びに関してしばしばなされる、本当のケンカとケンカ遊びとは、全く似ていないといった指摘に対して（たとえば西村［一九八九］）、「なぜいつも私はこの種の相互行為を見つめながら、ある種得体のしれない緊張と不安を覚えるのだろうか」と自問する。

その上で菅原は、ガイカリクが途中から通常のケンカに近い状態になってしまう事例のように、通常通りには進行しない事例を検討しながら、両者が容易に入れ替わってしまうような緊張関係をもったものであることを示す。

挨拶のようにコード化された、つまりルールが記述可能であるようなコミュニケーションとは対照的に――、

> たとえ「コレハ親愛ノ情ノ表現ナノダ」という合意がどれだけ確固としてメタレベルで成立しているにせよ、やはりなぶられれば〈痛い〉のである。「遊び」と「いじめ」との間の非連続性を強調する西村は、この身体的苦痛と言うごくあたりまえの要素をあまりに無視している。
> ［菅原 一九九三：一七九］

そして菅原はこの指摘に続けて、次のようにまとめる。

> それゆえガイカリクの本質的なルールをあえて言語化すれば、それは「痛くても我慢せよ」「痛くても笑っていろ」という命令として表されよう。このようなルールのもとで試されているのは、参与者の社会的な成熟度に他ならない。このルールをどれほど忍耐強く守りうるかという、すれすれの綱渡りを演じつづけるところに、ガイカリクに特有なスリルが生まれるであろう。言い換えれば、それは「痛くてクソッと思う自分」と「それでもルールを守り続ける自分」とのあいだの乖離を持ちこたえることでもある。
> ［菅原 一九九三：一七九］

ベイトソン流にいえば、こういった問題は「パブロフの犬」実験に関連する。

> 有名なパブロフ実験において、犬は明瞭に違う記号（たとえば円と楕円）を示され、示されたサインに対応したスイッチを押すと餌がもらえると教え込まれる。実験の次の段階において、示される記号はだんだん円に似た楕円（あるいは楕円に似た円）になってくる。このとき、犬は混乱状態に陥るが、ベイトソン流にいえばこれは、犬が「識別のコンテキスト」から脱却するのに失敗したということである。

犬は円と楕円を区別するという「識別のコンテキスト」の学習には成功したのだが、区別できない記号を「識別」することはできないのであり、その場合は別のコンテキスト（いわば賭けのコンテキスト）に飛び移らなければならない。だが、犬はその学習（二次学習）には失敗している。

メタコミュニケーションとは、コンテキストに関するコミュニケーションなのであって、右に引用したガイカリクに特有のスリルとは、このメタコミュニケーション的な状況で混乱せずに「もちこたえる」ことによって生じるものなのである。

5　自然界における実存主義

菅原は、メルロ＝ポンティがチンパンジーの身体所作を分析する中で実存という言葉をつかっているのを知り、

「若いころに初めてこの文章を読んだ時に、チンパンジーのような動物をメルロ＝ポンティがはっきり〈実存〉とよんでいることを嬉しく思うと同時に、この実存のあり方を「狭苦しく重苦しい」と規定していることに鋭い反発を感じた」［菅原 二〇〇二：一一四］と述べている。サルの中に〈実存〉を見い出し、それによって人間の世界と動物の世界の連続性を見い出すこと――。それが、人間の中に動物性を見い出すことによって動物と人間の連続性を見い出す通常の手法とは逆の、菅原の議論の特徴である。

この議論の実例を、たとえば『感情の猿＝人』の中の、マントヒヒの行動が我々と動物に共通の嫉妬のプロトタイプを提供しているという議論にみることができる［菅原 二〇〇二：六三－七〇］。

菅原はマントヒヒに関する別の研究者の記述を「「数量化」に頼ることなく、ただ「ことば」によって動物の行動を書きしるすことが秘めている圧倒的な力を思い知らされる」として、一ページほどにわたって引用しながら、そこで描き出される様子をまるでマントヒヒたちによる「無言劇を見ているようだ」と述べる。この複雑な無言劇を支えているマントヒヒの関係性の一つが、菅原が分析の俎上にあげている「嫉妬」である。

菅原は、嫉妬のプロトタイプとして、所有者（P）、所有される他者（q）、その他者qを欲望するライバル（R）という三つの主体による「欲望の三角形」［菅原 二〇〇二：六七］があるという。

……RはPとqの濃密な接触を傍らからじっと見守っている。Pはそのことをよく知っている。だからこそ、PはときとしてRにむかってむき出しの志向性を投げかけ、しかもその直後には、志向性をqへと一挙に切り替えてみせる。要するにPは、Rにむかって、自分とqの特権的な結びつきを見せびらかしているのだ。

しかも、べつにPとRは「敵」であるわけではない。彼らは、「群居性」というもっとも根源的な身がまえをもってこの同じ行為空間に参入し続けている。相手がこの行為空間から去りそうな兆候を見せたなら、はっきりと自らの意図を明示してそこにとどまるように誘いかける、そうした能力と意思をPもRも持っている。［菅原 二〇〇二：六七］

この部分の議論の詳細はぜひ『感情の猿＝人』本文を参照していただきたいが、菅原は霊長類にみられるこうした行動は、現象学的に「嫉妬」だと分析することが可能であること、本能的な行動が「顕示的コミュニケーション」の手段として利用されることを指摘した上で、「「本能」とは、けっして実存の可能性を閉ざす」ものではないと結論している［菅原 二〇〇二：七〇］。

自然界で発生する様々なコミュニケーションに関する事例からは、非言語的なコミュニケーションが動物によっても可能であること、メタコミュニケーションおよびまたそれが「無言劇」のようなきわめて創造的なやりとりであることが了解できるのである。「自然界における実存主義」というべきものが存在するのだ。

6　科学主義と「自然」構築主義

以上、本章で我々は、論理的あるいは科学的な思考――それは我々が「バルバラの論理学」を可能にする言語を獲得することによって可能になった――とは異なる思考法、すなわち草の論理学、隠喩によるコミュニケーション、そして自然界における実存がある、ということをみてきた。これらは、自然界の様々な場所で、我々が通常は精神をもった主体とはみなさない――しかしベイトソンによれば精神であると見なされるような――システムによって利用される思考方法であり、芸術家たちが利用する思考法でもある。ベイトソンは、現代科学がこうした思考法を過度に排除しており、むしろ精神主義やオカルト主義の中にそういった概念の残滓があると考えていた。同様に菅原は、生物学的・進化論的な決定論が、他者、異文化の人々、あるいは動物といった対象に対する理解を狭めてしまっていると批判し、こうしたアプローチとは別に、現象学や実存概念を用いることが必須であると主張してきた。これは、自然がどのように認識するかということに着目した、いわば社会構築主義ならぬ「自然構築主義」とでも呼ぶべき視座である。

こうした両者の道行きは、ヨーロッパ（地中海世界）に起源をもつ現代の科学につきまとってきた大きな問題に対する一つの解決法であると筆者は考える。

異端の物理学者ロジャー・ペンローズは、我々の主体性がもつ（少なくとも、もっているとされる）創造性と、物理学的な決定論の間のパラドクスを、脳の中の微小な組織が非決定論的な量子論の世界に属しており、そのことによって脳の働きは決定論的であることを逃れる、と主張している。この議論は、真偽の問題としてより、物理学的な還元主義を最後の最後まで維持した上で、我々がもつ「創造性」や「人間性」に対する我々の信念を同時に守ろうという努力の現れとして興味深い。しかし本章では、ベイトソンや菅原のように、物質性や身体性の相互作用が、個々のローカルな局面において神秘的にすらみえる現象や動物における実存を創発させる、という議論の方が、はるかに我々が世界を眺めるやり方の実情に即しているだろうし豊かである、と主張したい。
もちろんそれは、我々が「バルバラの論理学」から生まれいでた世界を放棄すべきだ、という話ではない。しかし、科学によって認識され、また加工された世界が、我々にとって時にきわめて硬質の、場合によっては牢獄のように感じられることもまた否定しがたいのである。たとえば、配偶者選択と功利主義、分析技術や情報技術のきわめて迅速な発達により可能になった遺伝子診断技術と生殖といった組み合わせは、我々に次々と解き難い難問を突きつけてくる。そんなときに、人類学が提示した、つまりベイトソンにとっては神秘主義的な、菅原にとっては現象学的な手法を使って、世界を「自然構築主義」的に捉えなおしてみることは、我々にとって、きわめて有意義なのではないだろうか。

【参照文献】

菅原和孝　一九九三『身体の人類学―カラハリ狩猟採集民グウィの日常行動』河出書房新社。
菅原和孝　二〇〇二『感情の猿=人』弘文堂。
西村清和　一九八九『遊びの現象学』勁草書房。
ハイムズ・S・J（忠平美幸［訳］）二〇〇一『サイバネティクス学者たち―アメリカ戦後科学の出発』朝日新聞社。
ベイトソン・G（佐藤良明［訳］）一九八二『精神と自然』思索社。
ベイトソン・G（星川　淳［訳］）一九九二『天使のおそれ』青土社。

第9章　神霊の〈秘匿－獣化〉とプレートの〈召喚〉
——不可視の存在者たちの実在化の技法をめぐって

森下　翔　*MORISHITA Sho*

拙稿〔森下 二〇一四〕にて、筆者は科学における存在者の実在の問題を、近代社会において存在しないとみなされているさまざまな存在者の実在についての問いへと拡張する可能性を示唆した。本章では拙稿での議論をさらに展開しつつ、菅原〔二〇〇四、二〇一二など〕の論じるカラハリの狩猟採集民ブッシュマンの神霊ガマを題材として、その実在の問題について論じる。

1　表象と構築

菅原と筆者はある前提を共有する。それは近代に暮らす私たちが、たとえば目に見えない素粒子や電子といった存在が当たり前のように存在すると考えている一方で、ブッシュマンが信じるようにはこの世界に神霊が存在するとは考えないということである。

近代には「この世界に何が存在するのかを教えるのは科学的知識である」という考えが横たわっている。近代の営みとしての人類学は、合理性の鑑としての科学において措定されていない存在や因果関係について、異文化の社会の人びとがあたかもそれが存在するかのように語ることを「一見して不合理な信念」〔Sperber 1982〕と捉えた。人類学はそうした「一見して不合理な」社会的信念のもとで人びとが生きているという事実を説明することをひとつの大きな問題関心としていた。人類学者はさまざまな社会において措定されている多様な存在や因果関係が実践の中で然るべき機能や役割を果たしており、そうしたものについて語る人びとが不合理であるとは言えないということに気がついていた。それゆえ、その合理性をどのように捉えるべきかは大きな論争の種になった［Wilson 1974］。

六〇年代から七〇年代にかけて、こうした論争に大きな影響を与えた出来事があった。「現実は社会によって構築される」とする社会構成主義の登場である。社会構成主義の科学社会学者は、科学も社会集団の実践である以上、科学者の持つ信念・知識も「構築」されていると考えた。科学論においてこのような考え方は、「一見して不合理」な社会的信念を探究する前提となっていた、科学的知識と社会的信念をめぐる「合理性」と「不合理」の非対称性に疑義を投げかけるという役割を果たした。それは科学のみが理性によって世界を表象する営みであると考える一方で、そうした科学の生み出す知識とは矛盾する社会の信念が「不合理」の枠を引き受けるという非対称な構図を根底から覆し、両者を等しく社会による「構築」という対称的な枠組みのもとで捉えることを試みるものだった。

社会構成主義の科学社会学者は科学的知識が利害関心を異にする複数の科学者集団の論争・交渉の産物であると考えた。しかしここには大きな問題があった。科学的知識が観察や実験といった自然に関する事実の探究によって生み出されるのではなく、異なる利害関心を持つ集団間の論争を制することによって決定されることを強調する社会構成主義の研究は、科学的知識が存在すると措定する存在者や因果関係が自然の中に存在するのではなく、あくまでも特定の科学者集団が存在するとみなしているに過ぎないということを含意するかのようだった。このような動向が、科学用語の濫用への痛烈な批判とともに、科学者の不興を買ったことはよく知られている［ソーカル、ブリクモン 二〇〇〇］。

筆者はこうした表象と構築をめぐる問題が、未だに私たちを躓かせていると考えている。素粒子が現実に存在する対象についての知識であると考える一方で神霊は現実には存在しない虚構的信念であると考えたときには、後者を信じている人びとを合理的であると考えることが困難である。しかし素粒子も神霊もともに人の手によって構築された観念にすぎないと考えれば、素粒子が神霊ともども虚構であるかのようにみなされてしまう。このジレンマをいかにして解決することができるのか。

本章はこうしたジレンマから抜け出す方途を模索するものである。本章は大きく分けて二部から構成されている。前半（介入／召喚）は科学について論じるものであり、後半（ガマとホローハ／秘匿‐獣化）はブッシュマンの神霊ガマについて論じるものである。本章をつうじて、それらに社会構成主義とは異なる形の対称的な分析概念が与えられる。すなわち、一方が正しい知識で他方が誤った信念であるというのではなく、あるいは双方がともに構築された観念であると考えるのでもなく、双方がともに「実在化の技法」――つまり、「見えないものを在らしめる」技法によって存在せしめられていることを論じる。

２　介　入

◉「理論＝データ＝観測装置」のパッケージ

科学哲学者イアン・ハッキングは著書『表現と介入』において、表象・構築のいずれにも一元的に還元しない科学の描像を生み出した〔ハッキング　一九八六〕。彼は従来の科学哲学が、科学を理論生産を中心とする表象の営みと規定してきたことを批判し、実験や観察が科学の重要な活動であることを指摘した。科学において実験や観察が重要だということは当たり前ではないかと思われるだろうが、一体彼の主張の何が新しかったのだろうか。彼が批判したのは、実験や観察が理論の検証ないし反証といった、理論形成のための道具として一面的に捉えられてきたことであった。こうした考え方に対して彼は「介入」という概念を導入し、科学者の物質世界へのかかわりには理論とは必ずしも関係のない「独自の生活（a life of its own）がある」ことを主張した。

このことを例証する上で、とりわけハッキングは実験における「現象の創造」という側面を強調する。彼は、科学において現象や効果と呼ばれているものが実験室において創造されるものであるということに注意を促す。実験室では人が物質世界に「介入」することを通じて、それまでには存在しなかったような物質的状況が生み出される。つまり科学における物質世界へのかかわりには、検証や反証といった理論との関係に基づく活動以外に、物質的状況を整え実験室においてしか存在しえない独特の条件を生み出すという、それ自体興味深い活動の領野が存在すると主張したのだった。こうした考えは、前節で述べた「知識の社会的構築」という考え方とは異なり「表象」についての問題系を批判するものではないが、それとは異なる形で科学についての重要な見方の転換を迫っている。すなわち彼は「介入」という論点の導入をつうじて、科学哲学（同時代の社会構成主義的な科学社会学も同様であったのだが）の表象一元論的図式を批判し、科学において問題とされるべき事柄を複数化しているのである。

「介入」の論点が本章において重要であるのは、それが社会構成主義とは異なる形で科学的知識と社会的信念に割り振られた「合理」と「不合理」の非対称な枠組みを廃する契機となるからである。ハッキングはある論文で、表象活動の生産物としての理論や、介入により創造された現象を含む、実験室の諸要素の関係について議論している［Hacking 1992］。彼は科学において理論が自然と直接に比較されるのではなく、実験室の装置によって創造されたり、発明した道具によって測定されたりした現象に照らしてその妥当性が判断されるという点に注意を促す。彼は科学における知識は物質的条件に依ること なくその妥当性を論じることができるわけではなく、常に「介入」により生み出されたローカルな物質的条件に適用されることによってその妥当性を確保すると述べる。理論の観点からすれば、条件を問わず普遍的に適用可能な理論というものはなく、おのおのの理論はそれぞれ対応するローカルな物質的適用範囲を持ち、その範囲の現象やデータを説明するということになる。

彼はニュートン力学を事例としつつこうした理論と現象の関係の問題について検討している。相対性理論が生み出されて以降、ニュートン力学は物体が光速よりも十分小さな速度を持つことなどの限定された条件下で近似的に良い予測を与える理論であるとふつう考えられている。これに対してハッキングは、相対性理論とニュートン力学はそもそも異なる観測装置および異なる範囲のデータに対して適用される理論であると考える［Hacking 1992: 52］。一例を筆者の調査する地球科学に関連する例からとろう。ニュートン力学と相対性理論という二分法を前提とする場合、万有引力の法則に依る重力変化を精密に測ることで地球の形状や内部構造を調べる「重力計」という観測装置はニュートン力学に、相対性理論によって予言される重力波を検出する「レーザー干渉計」は相対性理論に、それぞれデータを提供するような観測装置といえる。「ニュートン力学―重力計」と「相対性理論―レーザー干渉計」はさまざまな補助仮説等とともにそれぞれ異なるパッケージとして扱われ、たとえば重力計を用いて相対性理論の予言する重力波を検出するようなことはふつう行われない。彼はこの「理論＝データ＝観測装置」パッケージ間の比較不能性を（理論間の共約不可能性という伝統的な用法とは異なる意味での）「共約不可能性（incommensurability）」と呼んでいる。すなわち「理論＝データ＝観測装置」のパッケージは「閉じて」おり、それぞれのセットが異なる問題系に従事していると考えている[1]。

◉パッケージ相対主義　こうした「介入」の導入に基づく一連の議論を構成主義の議論における社会集団の複数性という含意と引きあわせて考えてみると、オリジナルの社会構成主義とは異なる、独特の種類の相対主義を考えることができるように思われる。すなわちそれは、異なる社会集団が「異なる知識を有するために同一の物質世界を異なる仕方で眺める」と捉えるのではなく、「特定の物質的条件（科学においては道具やデータ）に応じた知識を有する」と捉えるような相対主義である[2]。こうした物質的条件をも含めた相対主義――ここでは「パッケージ相対主義」と呼ぼう――は、科学的知識と社会的信念の合理・不合理の非対称性にいかなる帰結をもたらすだろうか。科学において措定されていない存在や因果関係を措定する社会的信念が不合理であると捉えられる背景には、複数の存在や因果関係に関する知識は単一の物質的世界に照らして真偽が判定されるべきものであり、それゆえ真なる科学的知識と競合する社会的信念は支持できないという前提があった。しかしパッケージ相対主義の立場をとり、科学的知識の妥当性の判断が介入を通じて調整された特定のパッケージの物質的条件の範囲に限定されると捉えるのであれば、異なる物質的条件に暮らす人びとがそれぞれの物質的条件と対応する異なる知識／信念を有していたとしても不合理であるとはいえない。またこの立場の下では、科学とそのほかの社会実践の双方を、ローカルな「社会集団＝知識＝物質的条件」のパッケージとして対称的に扱うことができる。換言すれば、こうした対称性は物質的条件と知識を異にする複数の「異なる世界（different worlds）」［Pickering 2012］について考えることを可能にする。

◉**実在化の問題**　本章では以上の議論を踏まえた上で、科学および科学以外の実践における不可視の存在者の実在の問題について取り組む。ここで扱う実在の問題とは、知識と物質世界の結びつきの間の正当性をめぐる

［1］しかしたとえばレーザー干渉計が一部の重力計と同様に地球内部の変動を捉える目的で用いられることを考えると、セット間の共約が不可能であるという論点は自明ではないように思われる。だが紙数の余裕がないので、この論点は本章では扱わない。一般的に言えば、ここでは同一の理論や装置が複数のパッケージにおいて利用される可能性や、同一の問題に複数の道具や理論を用いて取り組む可能性について考慮しておらず、この点については改めて検討する必要がある。以下の本文ではそうした拡張の余地があることを認めた上で、構成主義と「介入」論の含意の差異に焦点を当てて議論する。

［2］ハッキング自身は共約不可能性の議論を、クーン以来懐疑に晒されてきた科学的知識の蓄積的性格を擁護するために展開している。科学的知識の蓄積性は、ニュートン力学のような特定のデータ領域を首尾よく説明する理論はその後の改訂を受け付けることなく、歴史的な事実として（たとえば教科書の記述へと）沈潜していくものとして説明される。また、別の論文では科学を事例としつつ、スタイルの異なる複数の種類の合理主義を擁護する議論を展開している［ハッキング 二〇一二：三一七－三九四］。

議論である。従来の科学的実在論では、ある時期において正しいと考えられてきた不可視の存在者に関する知識が歴史上しばしば反証されてきたという事実を背景として、現在の知識が正しいと言える条件について考えてきた[3]。これに対して、実践において不可視の存在者を措定することを状況依存的でない信念を抱くこととして捉えるのではなく、介入によってローカルな物質的条件を整え、表象活動をつうじてそこに整合的な知識を生み出すことであると捉えるならば、「それぞれのパッケージにおける不可視の存在者は、それぞれの社会においてどのような形で実在的なものとみなされるようになるのか」と問うことが可能となる。

そうした実在化を可能にする知識やモノのネットワークを「実在化の回路」と呼び、そうした回路を生成する実践を「実在化の技法」と呼ぶ。次節では固体地球物理学を事例として、科学におけるひとつの「実在化の技法」について論じる。そこでは表象と介入双方の地平に目配せしつつも、その回路をどちらの領域にも還元することが困難であることが明らかにされる。地球物理学にはモデルのような表象的存在とデータや観測装置のような物質的存在を結びつけることを旨とする、それ自体は表象することとも介入することとも呼びがたい実践の領野があり、次節ではそうした実践をつうじて不可視の存在者が実在化せしめられるケースを扱う。概略は次のようなものになる。物質世界が観測機器によりデータへと変換されることで表象的属性を帯び、いっぽう仮説として生み出されたモデルはデータと比較される。モデルがデータを説明すると同時にデータも表象的属性を帯びることで両者の境界が揺るがされ、斉一的に規定されていると思われたモデルとデータの属性群に生み出された亀裂から、不可視であったはずの存在者が可視的な世界へと「召喚」される。

3 召喚

拙稿が論じたのは、地球物理学という観測に基づく科学において措定されているプレート・マグマ・地下水といった不可視の存在者が、いかにして実在するものたらしめられているかという問題だった［森下 二〇一四］。事例の詳細は既に論じたため、ここでは概略のみを論じる。

地球物理学のうちでも地殻やマントルなど地球の固体部分を扱う固体地球物理学という分野では、「地球の表面」と「地球の内部」という二分法がしばしば用いられる。この二分法は観測が可能な範囲と密接に結びついている。仮に地下に穴を掘って地球の内部を観測しようとしても、穴に対して圧力が働くために掘れるのはせいぜい深さ二〇キロ程度の掘削孔であり、六四〇〇キロの半径を持つ地球の大きさを鑑みればその一パーセントにも満たない「ほぼ地表」にしか観測装置を設置することができない。それゆえ、基本的には「地球の内部」は観測網の配備不能な「不可視の」領域、それに対して「地表」は観測網を配備することによりヴィジュアライズ可能な「可視的な」領域なのである。

日本は複数のプレートが邂逅する境界域に位置し、噴火や地震が頻発する地域であるという地理的特性もあって、地震・火山の活動を検出する地震計やGPSの観測網が充実して配備されてきた。こうした観測網は生身の身体には知覚不能な感度・空間的規模の現象、すなわち微小な地震動や数百キロに及ぶ面的な地殻変動をも可視化する。

しかし地表の観測網が充実させられたとしても、固体地球物理学の探究対象であるプレートやマグマなどの活動は、もっぱら地下で進行するものである。それゆえ固体地球物理学者は、地球の内部という不可視の領域を地表に配備した観測網からいかに捉えるか、という難問に取り組む必要があった。そのためこの分野では観測のみならず、地球の内部を数理的なモデルを用いて計算する方法が進歩してきた。筆者が参与観察を行った地球物理学の一分野である測地学では、数式をコンピュータ・プログラム化して計算することが基本的な手法となっている。研究室にいけば研究者ひとりひとりが皆パソコンを所有ないし貸与されており、コンピュータ言語やソフトウェアを利用してプレート・断層の運動や、地下水の挙動などについての計算を行っている。

さて、彼らは観測によって得られたデータとモデルをいかにして比較するのか。彼らは両者を共通した表現形式によって「図化」することによって比較可能性を生成する。たとえばGPSを用いた観測からプレートの運動をモデル化する場合であれば、観測データは地殻変動の方向と大きさを表すベクトル（矢印）によって描画され、数理モデルもまたプレートの運動と地球内部の伝播についての仮定から計算された、地表面での理論的な観測予測値として、矢印によって表現される。そして両者の差を取ることによってデータとモデルが対応しているかどうかが確認されるのである。

こうした一連のシークエンスは、観測網の配備によって「地表／地球の内部」という境界と同一の境界線上に引かれた「可視／不可視」「事実／仮説」という二分法

［３］科学的実在論の系譜については野内［二〇一二］を参照。

の境界を、対応を通じて揺り動かす営みであるといえる。モデルの「図化」によって地球の内部は可視化される。これはそのままでは単なる仮説にすぎないが、それがデータと共通した表現形式によって描かれることによって、両者を比較することが可能となる。首尾よくデータに適合する地球の内部のモデルは「観測事実」としてのデータを説明するものとしての身分が与えられる。そこではもはや地球の内部＝仮説的な不可視の領域、地表＝事実的な可視の領域という明確な二分法は保持されておらず、観測網を配備する段階では一致していたはずの「地表／地球の内部」と「可視／不可視」「事実／仮説」という二分法の境界どうしの間に亀裂が生じている。そうした二分法の境界の差異として生じた亀裂の開口部から、プレートやマグマなど、不可視だと思われていた「地球の内部」の存在者が、可視的な地表のデータと類似した姿を持って顕現する。

こうした営みは「召喚」の営みと呼ばれるにふさわしい。その魔術的な響きに当惑をおぼえる人もいるだろうが、この術語には従来の用語法を批判するいくつかの含意がある。この術語は、地球の内部に眠っている存在者に対応するような理論やモデルを、観想や思弁によって手を加えることもなく「表象」することを意味するのではない。かといって、物質性に「介入」し観測網を生成することによって、モデルの助けなしに発見されると捉えるわけでもない。不可視の存在者の実在性は両者のもつれの中から生じる。観測網という眼が生み出されることで生身の身体には知覚不能な現象が可視化され、一方ではコンピュータによって仮説としてのモデルが生成される。このように観測網とコンピュータという異なる手段で生産されたデータとモデルが、共通の表現形式で図表として描画されることによって生み出される類像的な比較可能性を通じて、互いの差異を薄めあう。データと同じ形式で可視化されたモデルは既に「不可視」の存在ではないし、重ねあわせられることで「事実」としてのデータを説明するモデルはもはや単なる「仮説」の域を超え出てゆく。一連の回路の生成を通じて、不可視の存在者の挙動を示すモデルはデータが有していた属性を受け取りながらデータとの境界を揺り動かし、「地球の内部」より招かれ「喚び出される」のである。

4 秘匿－獣化

「実在化の回路」についての分析は科学以外の実践に対しても対称的に適用可能である。ここではカラハリのブッシュマンの語りに登場する不可視の存在者ガマを事例として、その実在化の回路を生成する実践について検討したい。具体的には菅原の報告するホローハという実践を検討する。ホローハは八〇年代までブッシュマンの間で行なわれてきた実践であり、慣例的には成人儀礼と呼びならわされるものであるが、本論ではこの実践をガマの存在が焦点化されるプロセスとして分析する。

◉ガマとホローハ　まず「ガマ」という語の用法について確認しておこう。紙幅が少ないので具体的用例は菅原［二〇一二］を参照されたい。ガマはまず死に関する語彙と関連する。人は死ぬと「ガマのもとへと入る」。それは既に亡くなった人の死霊のようなものとして語られることもある。ガマはまた造物主として語られることもあり、気まぐれに人を不幸にする存在として語られることもある。ガマは夢の中でお告げをすることもあるが、それが正しいとは限らない。ガマはまた狂気を引き起こす存在としても知られる。なお、菅原がガマに神霊という訳語を提案するのは、遍在するという「精霊的」要素と造物主としての「神的」要素を兼ね備えた存在としてそれが語られるからである［菅原 一九九九］。

ホローハの話題に移ろう。以下の記述は菅原［二〇〇四］のデータに依拠する。菅原がブッシュマンの調査を開始した時点においてホローハは既に過去の実践となっていたが、菅原は共同調査者とともにこの儀礼の「再現」を依頼し、実際に演じてもらっている。菅原の議論はこの儀礼の再演と、一九九四年から二〇〇〇年までの間に行われた年長男性への生活史についてのインタビューを基礎としたものである。

ホローハではふだん人が暮らすキャンプから離れた場所に専用のキャンプが設営され、青年期の若者たちは年長者とともにそこでひと月ほど暮らす。そこでは若者が年長者からものを見るための分別や食物規制について教わったり、また採集の帰途に襲われたり火を飛び越えさせられるなどの「数々の試練」を課される。そしてガマについても教示される。

ホローハにおけるガマの教示は概ね次のような手順で行なわれる。試練を受け疲れきった青年たちは、同じ方向に顔を向け、並んだ状態で横臥させられる。翌朝彼らは「独特の音」を聞くことで目を覚ます。年長者に引き起こされ、青年たちは日の昇る方角に向けて、頭に毛布を被せられた状態で一列に並ばされる。目を閉じた状態で青年たちは額に傷を付けられる。これは「ガマが咬む」のだとされる。そして傷口に薬を塗られる。先の「独特の音」を聞きながら、青年たちは年長者に少しだけ目を開けてガマを見るように指示しては、すぐに顔をうつむけさせる。そうしたことを繰り返しつつ、青年たちは年長者に「ガマを見たか」と尋ねられ、「見た」と答えると「なんてことを言うんだ」と責められ、殴られる。

◉ホローハの分析

さて、いくつかの要素に注目しながらホローハの過程を分析してみよう。まず、ガマが視覚的に認識されることは初めから問題とされていないように見える。ガマを見ることは、「見よと命ぜられる」にもかかわらず、見えたことを報告すると暴力を受ける」という形で禁ぜられる。菅原の調査助手が「年長者はガマを示さなかったか」と尋ねたとき、当時青年だった男が「彼らはそれを示さず、ただそれを空のなかで聞き、それを知ることができない。それはただ鳴く」という旨のことを語るエピソードがあるように、「見える／見えない」と「知ることができる／できない」の間には結びつきがあり、ガマは見えず、したがって指し示すことも知ることもできない。

見ることが「禁止」されるにもかかわらずガマが現実的なものとして立ち現れるのは、見ることとは結びついていない実在化の回路が存在しているからであろう。ガマは「鳴き」、人はそれを「空のなかで」聞く。「空のなかで」という表現からわかるとおり、聞くという知覚作用は、音の発信者を視覚的に知覚することができなくともその作用が立ち現れうる。そこでガマは「見る」のではなく、「聞く」ことを通じて立ち現れる。

成人した青年たちはホローハが終わった後、ガマの教示の日に目を覚ました際に聞いた「独特の音」のタネ明かしを受ける。それがありふれた灌木から作られた「うなり板」を頭上で旋回させて鳴らされていたことが明かされるのである。音の発振源が周囲に生えている何の変哲もない木であることを知らされることは、ガマの実在性を弱めはしないのだろうか。あるいは弱めるのかもしれない。しかし種明かしをするのはホローハが終わり成人した以後なのであるから、彼らは既にそのタネを秘匿する側に回っている。成人した男性たちには、種明かしと同時にこの道具の別の用途が与えられる。成人した青年たちは年長者から、自分が十分に年を取り、デウと呼ばれる鳥を始めとする「年長者と子供のための肉（ショモ）」に分類されている動物を捕まえた際、このうなり板を鳴らすように命ぜられる（ホローハとは「デウの冠毛をもつ」ことを意味する）。音を聞きつけた者のうち、ホローハを経験した年長者は音を鳴らした者とともにショモの肉にありつくが、ホローハを受けていない者にはその肉の存在は秘匿される。うなり板自体もまたふだんは砂の中に埋められ、他の人びとからその存在が隠される。そうしてうなり板の秘密は食べ物の秘密と結びつけられながら年長者のあいだに共有され、その秘密を知らぬ者には正体も分からぬままに「独特の音」を聞く機会を提供しつづける。

また、ガマはホローハにおいて青年たちを「咬む」。

「咬む―もの」はブッシュマン社会の重要な概念である〔田中 一九九四〕。ライオン、サソリ、ムカデ、毒グモ、ヒョウ、チーター、ワイルドキャット、ハイエナ、ジャッカル、オオカミギツネなど、毒を持つものや害悪を及ぼすもの全般が「咬む―もの」と呼ばれる。なお類似の概念に「食う―もの」があり、これは狩りにおける主要な標的であるレイヨウ類などを指す。

一見するとこれらの概念は存在者の種類を区別するものであるように見える。しかしそれらを、存在者を分類する相互に独立したカテゴリーとしてみなすことの困難さはつとに指摘されている〔田中 一九九四〕。それゆえ、筆者はそれらを存在者のカテゴリーとはみなさない。それらの概念は端的に、ヒトの身体に向けられたエイジェンシーに根差した存在者のタイプを示すものであるように思われる。たとえば「手負いのレイヨウ類が鋭い角を振りかざしてハンターに逆襲してきたら」〔菅原 二〇〇七〕、それは「食う―もの」ではなく「咬む―もの」である。科学人類学者のラトゥールはパストゥールの実験において、不可視の存在者が「液体を濁らせる」「白亜を消失させる」「沈殿を形成させる」といった一群の行為として知覚された後、その行為のリストを遂行可能な能力を持つ存在として「酵母」という存在者が与えられたというプロセスに着目しつつ、存在者の顕在化に先立つこの行為のリストを「行為の名前」と呼んだ〔ラトゥール 二〇〇七〕。彼に倣って、筆者はブッシュマンの「咬む―もの」「食う―もの」といった概念を存在の種類を区別するカテゴリーではなく、「身体への働きかけに与えられた名」と捉える。ガマは自らの身体に与えられるエイジェンシーのもとで存在者のタイプを捉えるブッシュマン世界において、重要なエイジェンシーである「咬む」ことや「鳴く」ことにおいてその存在をあらわにする。咬む行為は身体への傷痕として顕在化し、「鳴く」ことは独特のうなり板の音を耳にすることによって顕在化する。人はそうした行為の能力を持つ存在として、ガマを在らしめるのである。

◉秘匿－獣化

要約しよう。ホローハにおけるガマは、⑴年長者によるその存在の示唆と暴力による可視化の禁止、⑵傷をつける際に目を瞑らせ、またうなり板を隠すという視覚的要素の秘匿、⑶ショモを通じた秘密の共有や「鳴く」「咬む」といったエイジェンシーによる存在の活性化といったプロセスを通じて実在化させられる。ホローハのこのプロセスについて「召喚」と対応する何らかの術語を考案するとすれば、あまり洗練された言葉ではないが「秘匿－獣化」とでも呼ぶことになるだろうか。可視化されるどころか見ることを禁止されるにもかかわらず、ガマが実在的なものとして存在しうることの基底に存在するのは、デウを捕まえた際にはそれをうなり板で知らせるよう促し、また「鳴く」「咬む」といったエイジェンシーの背後に存在者の実在性を見出すことを可能とする、彼らを取りまく原野の獣たちとの不断のかかわりであろう。

　ガマは見るというモードを禁止し、咬まれ鳴かれることによって現れる。しかしこれはホローハに限定した分析であり、前節冒頭で述べたようなガマの実在化の回路のすべてを包括的に伝えるものとはなっていない。本章では「咬むこと」と「鳴くこと」ばかりに着目したが、ブッシュマンが世界において与えられるさまざまな身体への働きかけのモード――「食べること」「食べることを禁ずること」「見えない存在の痕跡を追うこと」「恐れること」「飢えること」「殺されること」といったもの――と、ガマの現れの関係を分析することが、ガマの実在化の回路の全容を解明する上では不可欠だろう。

5　実在化の技法

　本論では固体地球物理学の世界とブッシュマン世界における存在者の実在の問題について論じた。表象と構築という分析概念をともに廃しつつ、それぞれの存在者の実在化の回路を生成する実践を捉えるために、「召喚」と「秘匿－獣化」という術語を考案した。

　既に見てきたように、これらの術語は言葉や物質的条件、また行為や知覚がいかに組み合わさることを通じて存在者が現れるのかという「実在化の回路」を特徴づける概念、いわばそれぞれの実践における不可視の存在者の「実在化の技法」を示す概念である。本章はこの概念を用いて科学における不可視の存在者と、科学以外の領域における不可視の存在者を対称的に取り扱う試論であった。とりわけガマの実在化のモードについては検討すべきことが多く残っている。議論の細部を詰めることは今後の課題としたい。本章が実践における不可視の存在者を理解するための処方箋となることを願っている。

【謝　辞】

　本論の執筆のきっかけとなったのは筆者の指導教員である菅原先生とのやりとりである。それはゼミが終わった後の飲み会の場での問いかけであった。カラハリに住むブッシュマンの語る神霊は、私たちの社会に電気（電子）が「存在する」と語りうるのと同じような意味で「存在する」と語りうるのか。菅原先生のそのような問いに、筆者はたしか「電気が存在すると私たちが考えることができるのは電信柱があるからで、神霊にも電信柱のようなものがあるんじゃないですか」というような解答をしたのではなかったかと思う。今思えばおざなりな解答であるが、そのとき念頭にあったのは、「介入」の節に記した知識の物質的制約性の議論であった。

そういうわけで、本論は酒の席で不十分な形でしか答えることができなかった問いへの、いわば正式な応答である。もし今「電気にとっての電信柱は、ガマにとっての何に対応するか」と問われれば、「それは獣だ」と答えることだろう。筆者はこのやりとりが単なる内輪談義ではなく、すぐれて人類学的な問いへの挑戦の機会となったことを嬉しく思う。

改稿にあたって有意義なコメントをくださった編者の皆さまには、厚く感謝申し上げます。

【参照文献】

菅原和孝　一九九九『もし、みんながブッシュマンだったら』福音館書店。

菅原和孝　二〇〇四「失われた成人儀礼ホローハの謎」田中二郎・佐藤　俊・菅原和孝・太田　至［編］『遊動民』昭和堂、一二四‐一四八頁。

菅原和孝　二〇一二「動物と人間の接触領域における不可視の作用主―狩猟採集民グイの談話分析から」『コンタクト・ゾーン』五：一九‐六一頁。

ソーカル・A、ブリクモン・J（田崎晴明・大野克嗣・堀茂樹［訳］）二〇〇〇『「知」の欺瞞―ポストモダン思想における科学の濫用』岩波書店。

田中二郎　一九九四『最後の狩猟採集民―歴史の流れとブッシュマン』どうぶつ社。

野内　玲　二〇一二「科学的知識と実在―科学的実在論の論争を通して」名古屋大学大学院文学研究科人文学専攻哲学講座博士学位論文。

ハッキング・I（渡辺　博［訳］）一九八六『表現と介入』産業図書。

ハッキング・I（出口康夫・大西琢朗・渡辺一弘［訳］）二〇一二『知の歴史学』岩波書店。

森下　翔　二〇一四「不可視の世界を畳み込む―固体地球物理学における「観測」と「モデリング」」『文化人類学』七八（四）：四四九‐四六九頁。

ラトゥール・B（川崎　勝・平川秀幸［訳］）二〇〇七『科学論の実在―パンドラの希望』産業図書。

Hacking, I. 1992 The Self-Vindication in Laboratory Sciences. In A. Pickering (eds.) *Science as Practice and Culture*. University of Chicago Press.

Pickering, A. 2012 The World since Kuhn. *Social Studies of Science* **42**(3): 467-473.

Sperber, D. 1982 Apparently Irrational Beliefs. In M. Hollis & S. Lukes (eds.) *Rationality and Relativism*. *Basil Blackwell*. pp.149-180.

Wilson, B. R. (eds.) 1974 *Rationality*. Basil Blackwell.

第10章 〈猿=人〉という問い

大澤真幸 *OSAWA Masachi*

1 奇書

菅原和孝さんの一つの著書が、現在の私の探究の方針を、最も基礎的な水準で規定している。その著書によって、私は「解答」を教えられたわけではない。それよりもっと重要なことをその著書から学んだのだ。それは、「問い方」である。私は、どのように問えばよいのか、ということを、そこから学んだ。その著書とは、二〇〇二年に発表された『感情の猿=人』(弘文堂)である[菅原 二〇〇二]。

『感情の猿=人』は、個性的な本、菅原さんにしか書けない個性的な本である。ほとんど奇書の部類に属すると言ってよい。しかし、いやそれゆえに、この本は、これまでそれに対してほとんど無数といってよいほどの多くの回答が提起されながら、いずれも根本的に的を外していると思われる、ある問いに対して、どのような方針から接近すれば難局を突破することができるのかを、示唆している。その問い、『感情の猿=人』が探究への道を開いた問いとは、人間とは何か、である。どのような意味で、『感情の猿=人』が打開の方法を示唆しているのか、この点を説明してみよう。

2 最も基本的な問い

◉2-1　人間とは何であろうか? 動物との関係において、動物との差異において、あるいは動物とのつながりにおいて、人間とは何か? この問いは究極の問い、問いの中の問いである。すべての学問的思索は、結局のところは、この問いへの直接的または間接的な回答の試みだと言ってよい。人は何のために考えるのか、を反省してみれば、このことは理解できる。

実用的な知識——いわゆるノウハウ——を得るために考えるということであれば、その理由はかんたんにわかる。そうした知識は、生きるための必要と直結しているからだ。だが、人は、ときにそうしたことを越えて思考する。何のためにか。結局、己が何者であるかを、つまり「われわれ」は何者かを、知るためであろう。もちろん、問いの対象となる「自己」や「われわれ」を、さまざまなレベルに設定することができる。「われわれ日本人」であったり、「私たち家族」であったり、「現代人」であったりと。そうした中にあって、「われわれ」を最も普遍的なレベルに設定したときに結ばれる像が、〈人間〉である。逆に、何者かを問われている「自己」を特異性の極にまでおし進めれば、「この〈私〉」を得る。〈私〉は、特異的・単一的でありながら、何ごとも限定しておらず、「〈私〉とは何か」という問いの主語〈私〉の位置には、誰もが入ることができる。〈私〉に代入しうる者たちの範囲は、結局、〈人間〉である。つまり、己は何者かという問いの普遍的な極限にも、逆の特異的な極限にも、〈人間〉がある。となれば、畢竟、われわれは、人間とは何かを探究するために、思考していることになるだろう。

人間とは何かは、すべての学的な探究が収斂していく先である。ビックバン直後の宇宙の状態とか、素数についての法則とか、一見、〈人間〉とは無関係な学問的な主題であるように思えるかもしれない。しかし、そうした主題をめぐる探究もまた、人間とは何かをめざす迂回路なのではあるまいか。

◉2—2　ところが、「人間とは何か」をめぐる探究のまさにゴールの部分を見ると、つまりこの問いへの直接の回答を聞くと、われわれは、失望を禁じえない。少なくとも、啓蒙期以降の時代に属する者——近代科学が誕生した後の時代に属する者——から見ると、「人間とは何か」という問いに対して、これまで提起されてきた回答には、根本的な不満が残る。宗教的な前提を自明のこととして受け入れていない者には、これまで提案されてきた、人間についての本質規定、人間の定義は、いずれも納得しがたいのだ。

学問や科学というものは、そういうものである、と言われるかもしれない。問いに対して、仮説的な回答や暫定的な結論が出されはするが、なお疑問が残ったり、そうした回答や結論があらたな課題を産出したりする。科学的な探究はこのように進んでいくものなのだから、とりあえず与えられた回答に対して不充足感が残るのはあたりまえのことで、むしろ健全なことではないか。このように言われるかもしれない。

だが、人間とは何かという問いへの回答が惹起する失望は、学問的・科学的な探究に一般的につきまとうこの種の不充足感とは性格を異にする。前者の失望は、そもそも、探究の基本的な方針、問いへの対し方や問いの立て方に、何かまちがいがあったのではないか、という不安をともなっているのだ。

喩えて言えば、次のようになる。一般の科学的な探究においては、暫定的な結論や回答になお解かれていない疑問がともなっているとしても、われわれは、「正しい道を歩んでいる」「まだゴールには着いていないが、このずっと先にはきっとゴールがある」という予感をもつことができる。たとえば、物質の基本構成素として「原子」なるものがあることが、液体中の微粒子のブラウン運動等からほぼ確実だと判明したとしても、その原子がどのような形をしているかとか、どのような素材なのかは疑問として残る。が、やがて、原子そのものの中に、原子核があることがわかり、さらには原子核が陽子や中性子に分解されると発見される。すると陽子や中性子とは何かということが、あらたな疑問として浮上する。そして、陽子や中性子も、クオークのような素粒子に分割されることがわかるが……。といつまでも探究は続く。しかし、それでも、われわれは正しい道を歩んでいて、この道の先には究極の回答が待っているかもしれないという期待をもつことができる。

だが、「人間とは何か」をめぐる探究の場合には、違う。暫定的な回答が与えられはするが、われわれは、何かがわかって、少しでも前進したという感触を得ることがなく、そもそも誤った道を選択していたのではないか、このままいくら歩んだところで、すとんと腹に落ちるような、求めている回答には辿りつかないのではないか、という不安の方が先にたつことになる。どうしてなのだろうか。

まず、あらためて、人間とは何かという問いにとって、参照点となっているのは「動物」だということを確認しておく必要がある。動物との差異において、人間とは何か。アリストテレスから始まって、デカルト、ニーチェ、そしてサルトルやアーレントといった近現代の哲学者に至るまで、動物／人間の差異に関する実に多くの命題が提起されてきた。いくつか挙げてみよう。「人間は政治的動物であって、他の動物は単に集合するのみである」「人間だけが理性をもち、動物は感覚的である」「人間は言語を語るが、動物はシグナルを発するのみだ」「人間は応答し、動物は反応する」「人間だけが道具を制作し、使用する」「人間は、事物を「それ」として体験するが、動物は環境に捉えられ、規定されている」「人間は死を経験するが、動物は単に死ぬ」「人間だけが約束をする」等々。命題の例はいくらでも増やすことができる。

これらの命題、これらの回答は、提起された時点の知見に制約されてはいるが、一定の洞察を含んでおり、人間の特徴をよく捉えている。だが、よく反省してみれば、これらの命題は、何も説明してはいない。「人間は」の後に続く述語は、「人間」という概念のうちにあらかじめ含意されていることを、分析的に取り出しているだけだからだ。つまり、これらの命題は、暗黙のうちに前提にされていたことを引き出しているのであって、人間がまさに人間として生成する機制については、何ごとも語ってはいない。

◉2-3　しかし、今日、人間が何であるかということについて直接に答えを与えようとしている知の領域は、哲学ではない。人間もまた動物である。私が人間だということは、私が動物であるということ以外の何ものでもない。したがって、人間とは何かという、すべての学問が目標としている問いに対して、言わば、聖火の最終ランナーの栄誉を担って、最後の答えを宣言するのは、主として、動物としての人間（ヒト）を研究する経験科学である。具体的には、動物学、進化生物学、霊長類学、人類学などの経験科学が、そうした使命を帯びている。

それらの経験科学の知見が蓄積されてくれれば、人間の本質についてわれわれが求めているほんとうの答えに少しずつ近づいていくのだろうか。確かに、これらの経験科学は、ヒトという動物について多くのことを教えてくれる。だが、経験科学の発見がいかに増えても、それだけでは、「人間とは何か」という問いへとわれわれを駆り立てていた知的な欠落感は、決して埋まらない。つまり、経験科学もまた、人間が何かにまっすぐとつながる正しい道には思えないのだ。

たとえば、進化生物学や古人類学によれば、ヒト族（厳密にはヒト亜族 *Hominina*）を、チンパンジーのような類人猿から区別する最も重要な特徴は、直立二足歩行である。ヒト族は、およそ七百万年前に、チンパンジーに至る類人猿の系列から分離した。ヒト族は、類人猿とは異なり、日常的に二足で歩行した。そのことは化石から推定することができる。確かに、この斬新な歩行法がどうして採用されたのか、ということは好奇心をそそる疑問である。だが、こうした動物としての身体の外的な特徴をいくら詳細に並べたところで、人間とは何かに近づいてはいかない。冒頭に述べたように、人間への問いは、「われわれは何者か」「私は何者か」という問いから派生した。となれば、問題は、人間であるということが人間そのものにとってどうであるかという内的な経験である。化石が示している、行動や身体の外形的な特徴は、内的な経験に直接には繋がってはいない。

脳はどうだろうか。古人類学は、化石をもとに、脳の大きさや構造がどう進化してきたかについて、いくつかのことを発見してきた。ヒトを他の動物から分かつ特徴は、ヒトの特別な知性である、と一般には言われている。そして、知性は、脳の大きさや構造を反映している、という漠然とした直観が分けもたれてきた。それならば、脳の進化についての経験科学の知見は、人間の本質について何かを教えてくれるのではないか。

初期のヒト族が類人猿から分離したとき、その脳は、大きさにおいて、チンパンジーとほとんど変わらず、現代人の脳の三分の一程度である。七〇〇万年の進化史の大半の期間で、ヒト族の脳の大きさは、チンパンジーの脳と大差がない。大きさに関して、チンパンジーとの差がはっきりとしてくるのは、二〇〇万年ほど前の段階である。ついでに述べておけば、ホモ・フロレシエンシスのことを考慮に含めれば、脳容量と知性の相関ということも疑わしくなる。二一世紀になってその化石が発見されたホモ・フロレシエンシスは、およそ、一万八千年前に生きていたと考えられており、脳の大きさに関してはチンパンジーや初期の猿人とあまり変わらないが、複雑な石器をもち、狩猟も行っていて、おそらくネアンデルタール人（こちらの脳は現代人よりやや大きい）程度の「知性」をもっていたと推測されている。

いずれにせよ、脳の大きさや構造の進化について、いくら詳細にわかったからといって、それが直接に、「人間とは何か」の回答になっているわけではない。脳が重要だとわれわれが考えるのは、脳の大きさや構造が、人間らしい理性や知性の存在を示す外的な指標であると、われわれが解釈しているからである。しかし、脳の大きさや構造が、理性や知性が何であるのか、理性・知性の所有者にそれらがどう体験されているのかを、直接に含意しているわけではない。

経験科学の知見が、直接には役立たない、ということは、たとえば、「ウマとは何か」「ダニとは何か」という問いと比べてみると理解できる。生物学は、ダニを、他の動物種と分かつ特徴を教えてくれるに違いない。われわれは、ダニを定義する必要かつ十分な条件を手に入れるだろう。これと同じように、いつの日か、ヒトであることの必要十分条件を列挙できたとしよう。要するに、ダニとは何かということを知るのと同じ仕方で、ヒトについてわかったとしよう。これで、われわれは「人間とは何か」という問いへの最終的な回答を得たことになるのだろうか。このとき、われわれは、不本意なおもちゃを与えられた幼子と同じように叫ぶに違いない。「これはあれじゃないよ！」　人間とは何かという問いは、「われわれは何者なのか」という問い、自己自身についての問いの一変種である。ダニについて知る仕方と、人間について知る仕方とでは、何かが根本的に異なっていなくてはならない。

3　猿＝人

◉3−1　それならば、どうすればよいのか。どのように問いをたて、どのように答えればよいのか。

もう一度、確認すれば、人間もまた動物である。私の身体の実体としての「内容」に関して言えば、私はすみからすみまで動物であって、それ以外の何かはどこにもない。私を人間たらしめているものは、だから、「内容」ではなく「形式」でなくてはならない。それは、**動物としての**私の形式だ。「動物としての」という限定が重要だ。人間であることを規定する条件を、われわれは、動物の内に見出さなくてはならない。このことが何を意味しているのかを、もう少していねいに説明しよう。

今、われわれが直面している困難、われわれを捉えている違和感は、「Ｘとは何か」ということを問い始めたときには、必ず出てくる問題でもある。このとき、われわれは、どうしても、Ｘのまったき新しさ、Ｘの他からの根本的な断絶を言い立てなくてはならなくなる。そうした論定は、必然的に、Ｘ以前のもの、Ｘ以外のものをすべてひとしなみに同一カテゴリーにおしこめ、Ｘだけが違う、とする主張をともなうだろう。たとえば、「近代」という社会の新しさを際立たせようとすると、それ以前の、あるいはそれ以外の多様な諸社会は等しく「伝統社会」へと還元される。だが、狩猟採集民も、原初的な農耕民も、古代帝国も、封建的身分制も、カースト社会もすべて等しく包括している「伝統社会」とは何であろうか。そんな「ごった煮」のようなカテゴリーは意味をもつのか。そのほとんど無意味なカテゴリーと対比させられている「近代」というカテゴリーも、有効に機能するのだろうか。

同じことは、人間と動物の差異に関しても言える。人間を動物から区別して規定しようとすると、すべての種を包摂する、まさに「動物」というカテゴリーを必要とする。だが、バクテリアとダニとライオンの差異に無関心な「動物」とは何であろうか。そこまで暴力的に差異を無視してしまった後になお、「人間」だけを切り出すような示差的な特徴が残るのだろうか。こうした疑問は、当然、出てくる。こうした問題、こうした不自然さを克服するには、どうしたらよいだろうか。

◉3−2　ここで、われわれに決定的なヒントを与えてくれるのが、『感情の猿=人』である。この本を簡単に紹介しなくてはならない。感情を猿から人への進化の連続性の中で捉えること、本書のねらいを要約すればこうなるだろう。しかし、こうしたねらいを確認しただけでは、とうてい、この書物の意義は理解できない。

意義の核心を把握するためには、進化論の標準的な論理と対比させてみるのが、最もよい。進化論の基礎にあるのは、適応主義である。すなわち、進化論は、一般には、適応度の極大化という結果への道行きを外から――あるいは後から――眺めるようにして説明する。だが、外(事後)からの思考では、感情の切実さや奥行きにはとうてい視線が及ばない。感情に肉迫するには、生きている者を内側から了解する思考が必要だ。このような思考のことを、菅原さんは「道ひらきの思考」と呼んでいる。「目的地」へとつながる道があらかじめ設定されているわけではなく、道をその都度、切り開きながら進んでいく者の視点で思考するからである。

こうして、『感情の猿=人』は、進化の道を外から眺めるのではなく、猿と人とを両岸で隔てている橋を自らの足で渡っていくような感覚を、われわれ読む者に与える。一方の岸(前半)には、マントヒヒやチンパンジー等の霊長類の感情生活についての繊細な議論が置かれる。他方の岸(後半)には、ブッシュマンの性生活に関する日常的な会話の分析と、そこから得られる知見をもとにした言語行為論の再構成が配される。探究は、この両岸に張られた橋を渡るものとなる。

考察は細部に及んでいて、要約を許さない。ここでは、肝心なポイントだけをまとめておこう。この書物の最も重要な洞察は、感情とは内面の状態ではなく動作――表情を帯びた動作そのもの――である、という点にある。この洞察の中核には、互いに緊密に結びついた二つの発見がある。第一に、感情は、それ自身ですでに行為であるということ。第二に、感情の本来的な社会性。感情は、身振りとして他者に開示されることによって、「仲間」という関係の基底をなすのだ。それゆえ、結論的に次のように主張される。感情とは、群居性霊長類のまさにその群居(共在)を駆動しているエンジンである、と。

『感情の猿=人』のこうした結論は、それ自体としてきわめて興味深いが、「人間とは何か」という問いのたて方との関係で注目すべきは、探究の全体を貫いている態度である。今しがた述べたように、この本で論じられていることはすべて、猿と人とをつなぐ橋である。結論に含まれる「エンジン」という語との掛詞になっている「猿=人」が、さらに限定すれば、「猿(動物)」と「人」とをつなぐ「=」が、この書物の主題だったと言ってよい。猿の感情生活について論ずることは、猿を、「猿=

人」として捉えることを意味している。このことの意義は、いくら強調しても強調し過ぎにはならない。

◉3―3　以上の説明のみでは、しかし、まだ十分にその含意を理解してもらえないに違いない。そこで、思い切った類比を活用して、解説してみよう。次に引用するのは、マルクスの『資本論』の初版には入っていたが、後の版からは削られた文である。これは、第一巻の最も重要な箇所、価値形態論の中に入っていた。価値形態論は、貨幣の存立と生成のメカニズムを説いた部分である。

それはあたかも、ライオン、トラ、ウサギ、その他すべての動物種と並んで、つまりそれぞれグループにまとめられたときに、動物王国の種や亜種や属を形成する動物たちと並んで、それらのわきに、「動物」なるものが、つまり動物王国の全体の、受肉化された個体が、存在しているかのようである。[1]

ここでマルクスが言っていることは、小麦、上着、食器等々のさまざまな商品とともに、貨幣が市場に流通し、そこで（商品と）交換されている状況は、ライオンやウサギと並んで、「動物」という動物種が存在しているようなものだ、ということである。もちろん、貨幣に対応しているのが、「動物」（という種）である。ここで、われわれは、少しばかり注意深くならなければならない。どうして、動物の集合の全体を具現するような個体が、個々の動物種と並んで、動物の集合の要素になることができるのか。つまり、なぜ、商品の集合（貨幣）がまた、その集合の要素（商品）になることができるのか。

価値形態論に示されたマルクスの考えは、こうである。小麦とか、上着とかといった個々のすべての商品の中に、すでに、「商品（使用価値）／貨幣（交換価値）」という二重性が、孕まれているのだ。[2]つまり、個々の商品の中に、自分自身（商品）と他者（貨幣）との間の差異が、組み込まれているのである。現実の貨幣は、商品の中に含まれている、互いに対立しあっている二重の契機（のうちの一つ）を外部にとりだし、実体化した姿にほかならない。商品そのものの中に、対立しあう二重の契機が最初からなければ、つまり商品が特定の具体的有用物であると同時に、交換価値をもつものとして提供されていなければ、交換価値の表現としての貨幣が、市場に出回り、それ自体もまるでひとつの商品のように、他の諸商品と交換されたりはしない。

私の考えでは、マルクスが比喩として語っていたことを、文字通りに受け取り直せば、『感情の猿=人』に含意されている探究の方針になる。個々の動物種に、互いに対立しあっている二重の契機が孕まれていて、その二重性こそが、つまりそうした内的な差異こそが、動物一般を定義している、と考えるのだ。「猿＝人」は、こうした二重性の、最もわかりやすい一例である。『感情の猿＝人』に伏在しているアイデアを一般化すると、こう言わなくてはならない。動物を定義しているのは、動物の動物自身からの内的な差異である、と。貨幣は、商品の二重性の外化の産物であり、貨幣のおかげで、商品に孕まれた緊張（使用価値として個別に有用でありつつ交換価値でもあるという緊張）は緩和し、見えないものとなった。同じように、「人間」という種も、動物種のすべてに孕まれた二重性の、動物一般を定義している二重性の、極端化された具体化であると見なしたらどうだろうか。私は『感情の猿＝人』という個性的なテクストから――このテクストの著者である菅原さん自身が自著の主張をどのように意識しているかとは独立に――、こうした教訓を受け取った。

　この教訓を引き受ければ、人間とは何かということは、言わば、動物の方から問われなくてはならない、ということになる。動物をまさに動物として定義する条件（動物の中の二重性）こそが、人間において現れている、と予想されるからである。

　だから、私は、ジャック・デリダの死後刊行された著作『それゆえ動物である私 *L'animal que donc je suis*』（2006）の冒頭に記された、いささかコミカルなエピソードを読んだとき、直ちに、『感情の猿＝人』を連想した。それは、こんなエピソードだ。ウォーキングをして汗をかいたデリダが、裸になってバスルームに向かうと、飼い猫が彼の後をついてきた。その瞬間、少しばかり気詰まりなことが起きる。デリダが立っているその真ん前に猫がいて、彼の裸の身体をじっと見つめているのだ。デリダは、この状況に耐えられなくなって、急いでタオルを腰にまき、猫を追い出してから、シャワーを浴びた……［Derrida 2006］。

　二〇世紀末期の大哲学者が、猫からのまなざしによって、不安と羞恥を喚起させられたのは、猫のまなざしが、哲学者（たち）が問い続けながら、未だに回答を与えら

［1］Dragstedt［1976］／訳は岩井［一九八五］を参照した。

［2］マルクスの議論に即して厳密に言えば、商品に孕まれている二重性は、「使用価値／交換価値」ではなく「相対的価値形態／等価形態」でなくてはならないが、ここでは分かりやすさを優先させて、妥協的に説明しておく。

れていない問いを、老い先短い哲学者に再提起したからであろう。デリダの著書の奇妙なタイトルに含まれている「動物＝私」という二重性は、菅原さんの著書のタイトルに明示されている「猿＝人」と共鳴している。

4 トカゲの悲哀

◉4―1　だが、誤解のないように強調しておかなくてはならない。『感情の猿=人』から霊感を受けて導き出した、以上のような探究の方針は、人間中心主義ではない。まったく逆である。重心は、人間もまた動物だ、ということにある。「人間」を他の著しく多様なすべての「動物」から切り離し、ヒトという種の何かの恣意的な性質を、人間の本性として強調すれば、むしろ、人間中心主義のそしりを免れることができまい。マルクスは、貨幣もまた商品であるということ、商品として交換されているということから、貨幣の本質を説明した。同じように、ここで提案しているのも、人間は動物であるということを認めながら、なお人間とは何かを解明するための方針である。

これが人間中心主義とは違うということを、ハイデガーが提起した、いかにも人間中心主義的な命題が、どのような意味で、実際には人間中心主義とは無縁なものなのか、ということを示すことで明らかにしよう。ハイデガーをこの文脈で引用するのは、『感情の猿=人』と似たような試みを、過去の哲学者の仕事の中に求めるとすれば、ハイデガーの動物論こそ、それにふさわしいからだ。

◉4-2

ハイデガーは、『存在と時間』出版の二年後に行った講義『形而上学の根本概念』で、無生物的な事物（たとえば石）、動物（ハチやトカゲ）、そして人間との間の存在論的な身分の違い、ということについて詳しく論じている［ハイデガー 一九九八］。結論は、次の三つの命題に要約される。

①石は世界をもたない。
②動物は貧しい世界をもつ。
③人間は世界を形成する。

ここで問題なのは、第二の命題、動物についての命題だ。ハイデガーによると、動物の、たとえばトカゲの世界は、貧しい。つまりトカゲは、少しだけ世界をもっている。不十分に世界をもっている。ハイデガーは、動物たちは、自分が関係している世界の貧しさ、不十分さをわかっている、という思い切った仮説まで提起している。わかっているとどうなるのか。「感情」をもつのである。悲哀や苦しみの感情を、である。ハイデガーは、次のような趣旨のことを述べている。欠乏というものの主観的対応物が苦しみであり、世界の貧しさが動物の存在に属しているのであれば、ある種の苦しみが動物界・生物界の全体に浸透しているはずだ、と。

もちろん、ハイデガーがトカゲに帰している苦しみとか憂鬱とかは、文学的修辞に属することであって、菅原さんが緻密な観察にもとづいて、猿たちに認めた感情とは、比べようがない、とも言える。実証的な研究としての価値は、ハイデガーの論述にはない。だが、ここで、動物行動学等の知見をもってハイデガーの議論を嘲笑することは、意味がない。われわれにとって肝心なことは、ハイデガーの考え方、ハイデガーの論理である。ハイデガーも、自分の主張が経験科学的には問題含みであることはわかっていたに決まっている。しかし、彼は、「あること」を記述するのに、このような表現をもってするほかなかったのである。彼は、何を記述しようとしていたのか。

先の②の命題に関して、すぐに思いつく批判は、世界が「貧しい」とか「不足している」とかと見なすとき、それが暗黙のうちに「人間」を基準にしている、ということだ。人間の世界を豊かで十分なものとするがゆえに、トカゲの世界には欠如がある、と評価されるのだ。とすれば、②は、人間中心主義的な命題である。動物たちが、

「人間」という頂点へと向かって進化・進歩してきている、というビジョンが前提になっている。

だが、当然のことながら、ハイデガーは、そんな素朴な図式の中で動物や人間を位置づけていたわけではない。動物についてのハイデガーの解釈の中には、暗黙のうちに、進化論批判が含まれている。つまり、『感情の猿=人』と同じモチーフがそこにはある。どういう意味なのか、説明が必要だろう。

◉4ー3　生物（動物）の定義とは何か。生命をもつ物質を不活性な物質から区別する性質は何か。それは、（外見上の）合目的性=選択性である。生物（動物）の身体がもつ複雑で見事に調和した構造やその精妙な行動は、まるで（遺伝子の）適応という目的のために創られたかのように、あたかも適応的なものとして（何者かによって）選択されてきたかのように見える。この神秘を、神学的にではなく説明するための理論として、進化論がある……とされている。

だが、進化論の適応主義は、ほんとうに、生物の合目的性=選択性を首尾よく説明しているだろうか。否である。進化論は、むしろ、それを、機械的な因果関係の中に還元し、消去している。つまり、菅原さんの表現を使えば、そこには「道ひらき」の過程が消えている。渦中の中にあるものは、結果をわからずに選択=決断しながら道を拓いていく。そうした「道ひらき」という側面が、つまり、まさに生物の生物性を定義する契機が、進化論の適応主義の中からは完全に排除される。

どのような論理であったならば、道ひらきを、つまり生命が発揮する選択性・合目的性を、本質を失うことなく掬うことができるのか。選択は——過去にトータルに因果的に規定されていない（かのように現象する）選択は——、定義上、〈新しいもの〉を出現させる。出現した「それ」が、過去からの因果的な規定から逃れた、まさに〈新しいもの〉と見なされるのは、どのような場合であろうか。奇妙なことに思われるかもしれないが、〈新しいもの〉は、何よりも、過去（の様相）を変える。過去（の様相）を変えないものは、〈新しいもの〉ではなく、〈古いもの〉の継続である。これは、（人間の）歴史に関して、ベンヤミンが述べていたことだが、それは、自然史、生命の歴史にも妥当する。

まずは、人間の歴史に即して解説しよう。たとえば、一九八九年に東欧で起きた——社会主義体制を崩壊させた——民主化革命のことを思い起こすとよい。この革命の前までは、社会主義体制が短期間に倒れることなどとうていありえず、冷戦は、（準）永遠の現実だと思われていた。だが、革命の後から過去をふりかえってみれば、もうずっと前から、いつ革命が起きてもおかしくないような状況になっていた、ということにわれわれは気づく。つまり、民主化という〈新しいこと〉の出現とともに、過去がまったく別のものに見えてくる。革命などとうてい不可能なことだったのに、今や、革命は、はるか昔から〈可能なこと〉として潜在していたことが明らかになるのだ。言い換えれば、革命前の過去は、可能だったはずの革命との関係で、「失敗」や「挫折」の歴史としてたち現れることになる。

同じことは、生命の歴史にも言えなくてはならない。そこに、選択や道ひらきという現象があるのだとすれば、である。今、出現した〈新しいことX〉——たとえば動物種としてのヒトの登場——は、現実の〈過去A〉との関係では〈可能性として潜在しながら実現できていないこと〉である。トカゲAにとっては、Xが（実現できていないという意味で）欠乏している、ということになる。その意味で、Aの世界は「貧しい」と表現されるのだ。この〈A＝X〉の二重性こそ、先に述べた〈動物（種）＝人間〉の二重性だ。

この二重性が、動物自身にとってどのように体験されるのか。それを記述するための概念を、われわれは未だもっていない。ハイデガーは、苦肉の策として、素朴な擬人化と嘲笑されかねない語彙を用いて、動物界に浸透している苦しみや悲哀について語ったのだ。それは、生物の進化の渦中の〈道ひらき〉を表現するためのギリギリの策だった。『感情の猿＝人』は、同じ事態を表現する別の方法を、しかも経験科学的にはより正確な方法を提供している。私はそのように解釈する。

【参照文献】

岩井克人　一九八五『ヴェニスの商人の資本論』筑摩書房。

菅原和孝　二〇〇二『感情の猿＝人』弘文堂。

ハイデガー・M（辻村公一他［訳］）一九九八『形而上学の根本諸概念』創文社。

Derrida, J. 2006 *L'animal que donc je suis*. Éditions Galilée.

Dragstedt, A. 1976 *Value: Studies by Karl Marx*. New Park Publications.